DESCRIPTION HISTORIQUE

ET RAISONNÉE

D'UNE COLLECTION

DE TABLEAUX.

Nota. Les Tableaux de Mesdames DE FRAINAYS sont exposés
dans leur maison de Saint-Maur, près Vincennes, à trois
lieues de Paris, n° 70, ancien château de madame de Sévigné. Ces Dames demeurent à Paris, rue de Surène, n° 25,
faubourg Saint-Honoré

DESCRIPTION HISTORIQUE

ET RAISONNÉE

D'UNE COLLECTION

DE TABLEAUX

DES ÉCOLES ITALIENNE, FLAMANDE, HOLLANDAISE, FRANÇAISE ET ESPAGNOLE,

APPARTENANT

A MESDAMES DUMONT DE FRAINAYS,

CONTENANT

QUELQUES RÉFLEXIONS SUR LA PEINTURE.

Par M. le chevalier Alex. LENOIR,

Ancien Créateur et Conservateur du Musée des Monumens français, Administrateur des monumens de l'Église royale de Saint-Denis; Membre de la Société royale des Antiquaires de France et de celle de Londres; de l'Académie des Arcades, de la Société Philotechnique, etc. etc.

Le génie invente, l'imagination embellit.

A PARIS,

DE L'IMPRIMERIE DE CRAPELET,

RUE DE VAUGIRARD, N° 9.

1831.

AVANT-PROPOS.

La réunion de tableaux des différentes Écoles italienne, espagnole, flamande, hollandaise et française que nous proposons aux amateurs des arts, nationaux et étrangers, forme une collection précieuse, unique et digne de la galerie d'un souverain.

Notre Collection est peu nombreuse, à la vérité, cinquante-cinq tableaux de choix la composent : rien n'est médiocre ou disparate, tout s'harmonise et s'accorde si bien que la composition, le coloris et l'effet de chacune des parties s'identifient parfaitement en se prêtant un secours mutuel. Chaque tableau est pur, vierge, et pour ainsi dire paraît au jour pour la première fois; c'est un ensemble parfait où chaque objet peut se considérer comme une belle fleur qui, par son éclat, concourt à l'ornement et à l'ensemble général d'un bouquet.

Ce fut vers le commencement du xvie siècle que l'on distingua en Europe différentes Écoles de peinture, et on les divisa d'abord de cette manière, savoir : en École italienne, en École flamande, et en École française. Dans la suite, l'École italienne fut elle-même divisée en plusieurs classes ainsi désignées : École romaine,

École florentine, École vénitienne, École lombarde. On divisa l'École flamande en Écoles flamande, allemande et hollandaise ; l'École française seule demeura sans subdivision. L'École espagnole resta hors de cette nomenclature : elle n'était pas encore reconnue.

Pour fondateur, l'École romaine eut Raphaël, le plus beau génie qui ait encore paru dans l'art de peindre ; l'École florentine regarde Michel-Ange comme son premier maître ; l'École vénitienne reconnut dans Titien et Giorgion les premiers introducteurs de l'art du coloris et du clair-obscur. L'École lombarde doit sa naissance à Corrége. Les Écoles allemande, flamande et hollandaise considèrent Albert Durer, Hubert et Jean Van Heyck et Holbein comme leurs premiers fondateurs ; Jean Cousin le fut de l'École française. On pourrait regarder Velasquez, né en 1599, comme le fondateur de l'École espagnole. Je ne m'étendrai pas sur chacune de ces Écoles en particulier ; je parlerai seulement de celles auxquelles appartiennent nos tableaux.

Malheureusement, nous ne possédons aucun ouvrage du beau génie d'Urbin, dont l'aisance et les grâces dans l'art de composer, de placer une figure et de l'ajuster, n'ont jamais été imitées, et auquel on est redevable des plus beaux ouvrages du Vatican, ainsi que des talens supérieurs qui lui ont succédé, et aux progrès des-

quels il a participé par ses modèles et par ses
leçons.

Nous possédons de l'École italienne un délicieux tableau de Jean-Baptiste Mola, représentant *Saint Jean composant l'Apocalypse*, ouvrage dans le style de Dominiquin. Nous avons
de l'École florentine une tête de Madeleine
d'une expression admirable, peinte sur bois par
Carlo ou Carlino Dolci. Pour la peindre, ce
célèbre artiste s'est inspiré du dessin gracieux
de Corrége et du beau coloris de Van Dyck.
Enfin, nous possédons de Gentilescus un ex-
cellent tableau dans lequel on remarque de
l'expression et de la sévérité ; il représente
l'*évanouissement de sainte Thérèse*, qu'un ange
délivre de son brûlant amour pour Jésus.

De l'École lombarde, dont la naissance est
due au célèbre Corrége, que l'on nomme avec
raison le *Peintre des Grâces,* nous avons un
Louis Carrache représentant une Bacchante qui
fait danser des petits Faunes, et un Lucas de Jordane, tableau dans lequel on remarque un beau
coloris et une grande facilité. Son père lui donna
le surnom de *Fa presto,* c'est-à-dire *qui fait vite ;*
pour prouver sa grande facilité, on raconte ce
qui suit : « Lucas de Jordane avait un atelier
dans la maison de son père, avec lequel il de-
meurait ; un jour qu'il était à peindre pour une
église un sujet du *Nouveau Testament,* son père

l'appela pour dîner : *Un instant,* répondit-il, *je n'ai plus qu'un des douze Apôtres à peindre.* »

L'École vénitienne est, de toutes les Écoles, celle où l'art du coloris a été porté au plus haut degré de perfection ; Jean Bellin passe pour en être le fondateur. Nous n'avons point de tableau de cette École, qui est une division de l'École italienne.

Les deux frères Hubert et Jean Van Heyck se firent remarquer par leurs beaux ouvrages à l'eau d'œuf et à l'huile, dans un temps où l'art de peindre était encore dans l'enfance. Jean, après la mort de son frère Hubert, découvrit, en 1390, que l'huile se mêlait parfaitement avec les couleurs ; il ne peignit plus que de cette manière : elle fut immédiatement suivie dans toutes les Écoles. Dans une collection de tableaux flamands, on aime à trouver un ouvrage qui date de l'époque des premiers essais de la peinture. Si nous n'avons pas de tableau de Jean Van Heyck, ni de son frère Hubert, pour ouvrir la suite assez nombreuse de ceux que nous possédons de cette importante École, nous en avons deux de Cornelis Engelbrechtsen, son élève. A un coloris savant et harmonieux, ces deux tableaux précieux joignent une vérité surprenante dans les attitudes et dans les airs de tête ; ils représentent deux sujets importans de la Passion de Jésus.

Les peintres vénitiens et flamands ont généralement peint par *glacis*. Pour peindre par glacis, on commence par empâter fortement le tableau dans les lumières et aussi dans les ombres, et cela d'un ton plus clair que celui auquel on veut parvenir. On revient ensuite sur cette préparation avec des couleurs légères, transparentes, délayées avec de l'huile siccative, en frottant avec le pinceau, ou en passant légèrement sur ce qui est fait. Si vous voulez avoir une idée de cette manière brillante de peindre, consultez les tableaux de Titien, de Giorgion, de Paul Véronèse, notamment les deux magnifiques Rubens de notre riche Collection : ils se composent chacun de plus de dix-sept figures de grandeur naturelle, représentant la cruauté de Tomyris, reine des Scythes, exercée sur Cyrus, roi de Perse, et la continence de Scipion. Rubens a peint ces deux tableaux étant à Venise, et, en les voyant, vous serez convaincu qu'il a eu l'intention de rivaliser avec les plus beaux ouvrages de Titien et de Tintoret : il y est parvenu..... Ces deux chefs-d'œuvre viennent de la Galerie d'Orléans. Quant au Van Dyck que nous possédons, représentant le *Triomphe de l'Église romaine*, il est plus beau que tous les tableaux historiques de ce maître qui sont au Musée du Roi.

Nous avons encore d'autres tableaux de l'É-

cole flamande, dont on trouvera la description
dans notre Catalogue. Nous réclamons aussi
votre attention pour un Peters Néef, un Van
Velde, un De Waal, un Charles Breydel et un
Moucheron. Ce dernier a peint le genre historique avant de se livrer au paysage.

L'École allemande s'est attachée à une représentation fidèle et servile de la nature, telle
qu'elle se présente, même avec ses défauts, et
sans un choix de ce qu'elle a de parfait. Nous
avons de cette École savante deux tableaux de
paysages, dans lesquels vous remarquerez des
troupeaux bien peints, une grande étude et
une exécution soignée.

On remarque dans l'École hollandaise une
grande intelligence du clair-obscur, un travail
très fini, un coloris agréable et toujours vrai,
une façon de peindre très délicate, et enfin un
art exquis dans la représentation des paysages,
des perspectives, des animaux, des fleurs, des
fruits, et des sujets de nuit. Jamais le Hollandais n'a été bon peintre d'histoire. Il serait trop
long de faire ici l'énumération de ceux qui se
sont fait une haute réputation dans les autres
genres; si vous voulez apprécier le mérite de
quelques uns de ces habiles peintres, il vous
suffira de reconnaître que nous possédons au
moins dix tableaux précieux de cette École remarquable, dont le coloris a singulièrement de

charme. Ceux de notre collection, dont la beauté a de quoi surprendre, sont *une Corbeille de fleurs,* par Van Huysum, *un Déjeuner,* de Jean de Héem, deux Ruisdaal, *un Portrait,* par Cuyp, et un très précieux de Mirvelt, etc. On peut, sans craindre d'être démenti, dire que le Van Huysum, le de Héem et les deux Ruisdaal sont des chefs-d'œuvre ou des *diamans,* si on adopte le langage des marchands de tableaux. (*Voyez* le Catalogue.)

L'École espagnole a un genre de mérite qui lui est particulier. Les peintres de cette péninsule ont été coloristes, parce qu'ils ont étudié leur art à Venise et dans la Flandre. Velasquez, célèbre peintre, né à Séville eu 1599, passa de bonne heure à Venise, où il fit d'excellentes copies d'après les chefs-d'œuvre des grands maîtres. Barthélemy Murillo, plus connu sous le nom de *Murillos,* né aussi à Séville en 1618, est reconnu par les plus habiles peintres de l'Espagne pour être le meilleur coloriste de cette École. Nous avons deux superbes têtes d'étude et un tableau d'histoire représentant *sainte Agnès,* de Murillos, et aussi une belle tête de saint Paul, par Ribera, autre peintre espagnol.

Le Français se distingue des autres peuples par une aisance qui lui est naturelle, par la grâce et la facilité qu'il met dans tout ce qu'il entreprend. L'École française a eu pour fondateurs Jean Cousin, et Simon Vouët, qui a formé les plus grands peintres du siècle de Louis XIV. Cette École savante n'a jamais eu de caractère particulier; elle tient de toutes les autres, c'est-à-dire, si l'on excepte la richesse de son ordonnance, la sagesse et le brillant de son invention, de sa composition, et un certain air de finesse répandu dans toutes ses productions, qui appartient à la vivacité de l'esprit national. Dans le genre historique, nous possédons de cette grande et riche École des **Poussin**, des **Le Sueur**, des **Bourdon**, des **Le Moine**, des **De Troy**, un **La Fosse**, un grand et beau paysage de Claude Lorrain, et deux marines de Joseph Vernet.

Enfin notre collection est une des plus riches qui puissent se trouver, tant par la perfection de chaque tableau qui la compose que par la variété des maîtres qui en font le mérite. Dans la description que nous offrons aux amis des arts, nous classons les ouvrages par genres, en indiquant le nom du peintre et l'École à laquelle il appartient : à ce premier travail, nous ajoutons des réflexions sur la peinture, et aussi quelques traits historiques sur les peintres.

TABLE NUMÉRIQUE

DES PEINTRES ET DES TABLEAUX

CONTENUS

DANS CETTE DESCRIPTION.

DISCOURS PRÉLIMINAIRE............... *page* 1

GENRE HISTORIQUE.

1. Tableau sur toile, par LÉONARD DE VINCI, École florentine. Saint Jean-Baptiste dans le désert..... 6
2. Horace GENTILESCUS, même École. Sainte Thérèse en extase dans sa cellule...................... 7
3. Carlo ou Carlino DOLCI, même École. Buste avec des mains, peint sur bois, représentant la Madeleine...................................... 9
4. Louis CARRACHE, École lombarde. Une Bacchante faisant danser deux enfans de Faunes........... 10
5. Lucas DE JORDANE, École napolitaine. Tarquin et Lucrèce, que nous supposons être deux portraits. 11
6. Jean-Baptiste MOLA, École italienne. Saint Jean l'Évangéliste écrivant l'*Apocalypse*, dans un fond de paysage................................ 12
7 et 8. Cornelis ENGELBRECHTSEN, École flamande. Deux tableaux sur bois, représentant Jésus accusé devant Pilate, et Jésus attaché à la colonne du Prétoire et fouetté................... 13
9 et 10. Pierre-Paul RUBENS, même École. Deux grands et magnifiques tableaux, représentant la cruauté de Tomyris, reine des Scythes, exercée envers Cyrus, roi de Perse, et la Continence de Scipion....... 16
11. Par le même. Buste de Jésus attaché à la colonne, tenant à la main un roseau...... 24
12. Antoine VAN DYCK, même École. Le Triomphe de l'Église romaine........................ 25

13. Par le même. Suzanne surprise au bain par deux Vieillards.................................*Page* 30

14. Par le même. Buste peint sur bois, avec des mains, représentant saint François d'Assise stigmatisé.... 31

15. Jean DE WAAL, même École. Grand tableau sur bois, représentant le Jugement de Salomon........ 32

16. François BREYDEL, même École. Tableau riche et agréable, représentant la Fondation de Carthage, par Didon... 33

17. Jean GLAUBER et Gérard LAIRESSE, École hollandaise. Diane au bain, figurée au milieu de ses Nymphes, dans un fond de paysage................. 34

18 et 19. Nicolas POUSSIN, École française. Deux tableaux sur toile, représentant des sujets allégoriques composés dans le style des peintures antiques. 36

20. Eustache LE SUEUR, même École. Tableau sur bois, représentant Jésus au milieu des Docteurs... 40

21. Par le même. Tableau sur toile, représentant Ariane recevant l'immortalité des mains de Bacchus, député par Jupiter................................ 42

22. Sébastien BOURDON, même École. Trois jeunes libertins dans un cabaret, buvant et chantant autour d'une table.............................*ibid.*

23. Les mêmes libertins, devenus voleurs, figurés attaquant des marchands voyageurs............. 44

24. Ces mêmes voleurs, faisant entre eux le partage du butin volé, sont arrêtés dans un château en ruines. 45

25. Le terme de tout, ou la mort, figurée par les Bergers d'Arcadie lisant sur un tombeau antique l'inscription *Et in Arcadia ego*..............*ibid.*

26. Charles DE LA FOSSE, même École. Le massacre des Innocens.................................*ibid.*

27 et 28. Jean-Baptiste LE MOINE, même École. Vénus au bain, et Persée délivrant Andromède...... 48

29 et 30. Jean-François DE TROY, même École. Les Amours de Loth et ses Filles, et la chaste Suzanne surprise au bain............................ 49

31. Bartholomeo MURILLO, École espagnole. Sainte Agnès figurée dans sa prison, recevant la couronne du martyre...............................*ibid.*

32 et 33. Par le même. Tête d'étude représentant un

Ange qui tient un lis. Autre tête d'étude d'une jeune
personne occupée de la lecture............*Page* 51

34. Joseph Ridera, même École. Belle tête d'étude
figurant saint Paul appuyé sur son épée......... *ibid.*

GENRE FAMILIER.

35. Philippe le Napolitain. Joli petit tableau représentant un Savetier de village exerçant son état devant sa maison...................... 52

36. Jean Miel, École hollandaise. Une halte de
Paysans voyageurs devant la porte d'un cabaret... 53

37. Cornelis Begyn ou Béga, École hollandaise. Une
fête flamande dans le goût d'Adrien Ostade, dont il
était l'élève..................... 54

GENRE DIT LE PORTRAIT.

38. Albert Cuyp, même École. Beau portrait, peint
sur bois, représentant un Ministre de l'Église réformée lisant ses Heures.................. 56

39. Michel Mirvelt, École flamande. Magnifique
portrait sur bois d'une Princesse de Nassau...... 57

40. Martin Freminet, École française. Portrait sur
bois d'une jeune Personne inconnue........... 59

PAYSAGE ET ANIMAUX.

41 et 42. Jacob Ruisdaal, École hollandaise. Deux
paysages peints sur bois, l'un représentant l'entrée
d'une forêt, et l'autre l'extrémité de cette même
forêt........................ 62

43. Adrien Van Velde, même École. Vue prise dans
les environs d'Amsterdam, représentant l'entrée
d'une forêt, avec figures et animaux........... 65

44 Michel Carée, même École. Tableau d'animaux et
figures représentés dans un fond de paysage...... 66

45. Isaac Moucheron et Karel Dujardin, même
École. Charmant paysage représentant une vue de
la cascade de Terni, dans les environs de Rome,
avec de jolies figures par Karel Dujardin........ 67

46 et 47. L. Fieling, École allemande. Deux grands
paysages avec figures et animaux.............. 69

48. Claude Lorrain, École française. Vue d'Italie,

prise au soleil couchant : on voit des rochers, des
montagnes, un lac et des groupes d'arbres ; sur le
devant du tableau, se trouve un sujet de la fable,
représentant le jugement de Midas, peint par Philippe Lauri, de l'École italienne.............*Page*   70
49 et 50. Joseph VERNET, même École. Deux vues
prises dans les environs de Naples, sur les bords de
la mer, l'une représentant une tempête, et l'autre
un calme...................................   74

PEINTRES D'ANIMAUX.

51. ONDERT-COQ's, École hollandaise. Tableau sur
bois figurant un coq, des poules et des canards...   77

PEINTRES D'ARCHITECTURE.

52. Peters NÉEF, École flamande. Tableau sur bois
représentant la vue perspective de l'église Sainte-
Gudule, à Bruxelles. Louis David, mort en exil, a
été enterré dans cette église.................   78

PEINTRES DE FLEURS.

53. Van HUYSUM, École hollandaise. Beau et délicieux tableau sur toile, représentant un groupe de
fleurs posé dans un vase d'albâtre.............   81
54. Daniel SEGHERS, connu sous le nom du *Jésuite
d'Anvers*, École flamande. Charmant tableau de
fleurs, peint sur bois, figurant une guirlande qui
entoure cinq médaillons ovales, représentant des
sujets pris dans la vie de la Sainte Vierge, peints
par Van Balen, autre peintre flamand..........   84

GENRE DÉSIGNÉ SOUS LE NOM DE NATURE MORTE.

55. Jean-David DE HÉEM, École hollandaise. Tableau
sur toile, d'une vérité extraordinaire, représentant
ce que l'on appelle un *déjeuner*. Il se compose d'un
plat d'argent contenant des huîtres ; on voit un vase
d'or, un autre de cristal, une brioche, un crabe,
des citrons, etc. ; le tout est posé sur une table qui
est couverte d'un tapis bleu..................   87

DESCRIPTION

DES TABLEAUX.

DISCOURS PRÉLIMINAIRE.

Pour donner à notre description plus d'unité,
nous examinerons chaque École dans son ensemble, et nous ne nous arrêterons à aucune des divisions en particulier.

GENRE HISTORIQUE.

L'art de la peinture, qui plaît si généralement,
a dû être inventé pour charmer les yeux, pour produire les sensations les plus agréables; et le peintre
ingénieux l'ayant envisagé sous un point de vue
élevé lui a donné un but moral. Telle a dû être,
dans l'antiquité, la recherche des célèbres peintres
dont les noms sont encore respectés. La peinture,
suivant Aristote, peut, aussi-bien que les leçons
des philosophes, corriger les vices ; elle instruit
l'homme, lui inspire le goût de tout ce qui est bien ;
elle lui fait éprouver toutes sortes de sensations sa-
lutaires, lui inspire l'amour de la vertu et l'horreur
du vice.

Ainsi donc le genre historique s'élève au-dessus des autres par la représentation du monde moral; par elle, le peintre rivalise avec le poète épique, le poète dramatique, le philosophe, et même avec l'orateur. Les représentations sublimes de Raphaël, quand il puisait ses sujets dans l'histoire sacrée, lui valurent le titre de *Divin*, et d'*Apollonien* quand il traitait des sujets profanes. Le célèbre et immortel tableau du *Jugement dernier* fit donner à Michel-Ange le surnom de *Terrible*, d'homme sur-humain. Rubens fut considéré comme un profond mythologiste, quand il a peint des allégories ou des sujets de la fable. Nicolas Poussin enfin, reçut aussi son titre honorable, celui de *Peintre des philosophes et des gens d'esprit*. Nos deux grands tableaux de Rubens confirment ce que nous disons.

Poussin, si grand, si beau et si admirable dans ses compositions historiques, ne dédaignait pas de peindre le paysage; il agrandit en quelque sorte la toile sur laquelle il trace des beautés champêtres. Voyez, dans les deux tableaux remarquables que nous possédons de ce maître, le paysage beau et noble dans lequel il a placé des groupes d'enfans, composition imitée des peintres grecs.

La composition d'un tableau est l'œuvre du génie. Il est rare que le peintre trouve dans la nature une scène parfaitement semblable à celle qu'il se propose de représenter; d'ailleurs, il a des convenances pittoresques à observer. Pour réussir, quel

que soit le genre de peinture auquel il se destine,
il faut, par une étude approfondie de la nature phy-
sique et morale, qu'il élève son âme au-dessus de
celle des hommes ordinaires.

Au reste, si vous vous destinez à la noble pro-
fession de peintre, livrez-vous sans réserve à l'étude
de tout ce qui, dans les sciences physiques et mo-
rales, peut nourrir votre esprit et le diriger vers
les conceptions sublimes, énergiques ou pathétiques, sans lesquelles, quelle que soit votre habileté
dans la pratique du pinceau, vous ne saurez jamais
flatter que les yeux sans parler à l'âme. J'emprunte
encore une maxime d'Aristote, qui ne fait aucune
différence entre les peintres et les poètes; il leur
prescrit les mêmes règles, soit sous le rapport de la
composition, soit sous celui de l'expression.

Il est de fait que le peintre d'histoire doit être
instruit de toutes choses, il doit tout connaître et
savoir tout peindre; mais l'homme de goût fait un
choix parmi les objets qui s'offrent à ses yeux; notre Collection nous en fournit quelques exemples.
Il faut qu'il ait assez de tact pour choisir parmi les
hommes, les femmes et les enfans des formes convenables au sujet qu'il veut traiter. C'est ce qu'a
fait Rubens dans notre tableau de *Tomyris*; les
hommes qu'il a mis en scène ont les formes sau-
vages des habitans du Nord que nous reconnais-
sons dans le chef des Scythes asiatiques. Si le peintre d'histoire veut peindre des dieux ou des déesses,

il portera ses regards sur les anciennes statues grecques, et il imitera les belles formes des Orientaux ; s'il s'agit de mettre en scène un sujet tiré de l'histoire des nations antiques ou modernes, de dessiner ou de peindre des rois , des héros, des guerriers en repos ou combattant, il choisira parmi les modèles vivans les proportions les plus héroïques.

Rien n'est beau que le vrai. . . . .

a dit Boileau ; mais ce poète ajoute :

Le secret est d'abord de plaire et de toucher ;
Inventez des ressorts qui puissent m'attacher.

Ces ressorts, sans doute, appartiennent au domaine de la peinture comme à celui de la poésie ; pour le peintre, ils diffèrent en raison des objets qu'il veut exprimer sur la toile. Dans certains cas, on peut remplir toutes les conditions que prescrit la perfection de l'art, par une simple imitation des sujets vivans ou seulement par celle des objets que l'on a sous les yeux. Si, par exemple, on veut peindre une fleur, un papillon, on aura rempli les conditions si on a parfaitement imité cette fleur ou ce papillon ; et si, parmi les fleurs, on a choisi la plus belle, et parmi les papillons, le plus riche en couleurs. C'est précisément ce que nous font voir, dans notre Collection, les tableaux de Van Huysum, de Deehem, de Seghers, etc. (*Voyez* les n°ˢ 53 , 54 et 55.)

Mais s'il s'agit de peindre Achille dans la tente

d'Agamemnon, irrité du départ de Briséis, ou Andromaque pleurant sur le corps d'Hector, le peintre alors, s'il a du génie, aura recours aux ressorts que Boileau recommande, et que la peinture lui présente dans toutes les parties qui la constituent; devenu poète lui-même, il montera sa lyre jusqu'au sublime, c'est-à-dire qu'il l'accordera avec celle d'Homère. Dans cette position, l'artiste portera sa pensée sur les malheurs de Troie; il exaltera son imagination, pleurera avec Andromaque, et s'irritera avec Achille; et pour mieux remplir les conditions historiques, il oubliera les modèles académiques et les formes qui lui sont familières; il puisera dans son génie les caractères et les expressions convenables à chaque personnage et à la dignité de la scène.

Voyez, dans notre Galerie, *la Reine Tomyris*, par Rubens : son beau visage exprime deux sentimens bien prononcés, la joie et la fureur concentrée; ne négligez pas l'expression majestueuse et forte de la tête de Christ souffrant, du même peintre, et encore l'exaltation et l'enthousiasme qui se peignent sur la figure de saint Augustin, dans le tableau de Van Dyck. Et si vos regards se portent sur *le Massacre des Innocens* de La Fosse, vous mêlerez vos pleurs à ceux de cette Juive évanouie sur le cadavre de son fils : plusieurs jours se sont écoulés depuis qu'elle est dans cette posture, comme l'indique la couleur livide de cet enfant. Dans les ouvrages de Nicolas Poussin, et dans ceux d'Eustache Le Sueur, de Sébastien Bourdon et de Gentilescus que nous possédons, vous y trouverez de la poésie; vous y verrez cette expression vraie qui émeut l'âme, et ce coloris qui plaît parce qu'il est analogue aux sujets représentés. (*Voyez* les n°s 9, 10 et 11; 12, 26, 18 et 19; 21, 22, 23, 24 et 25.)

LÉONARD DE VINCI. (École florentine.)

1. *Saint Jean Baptiste*. Simplement vêtu d'une peau d'agneau, saint Jean, jeune encore, est figuré dans un désert; agenouillé sur un gazon de verdure, au bord d'une fontaine; il reçoit l'eau d'un rocher dans une sébille de bois pour se désaltérer : sa houlette taillée en croix est à ses pieds.

Vous admirerez, dans le tableau du peintre le plus savant de l'École florentine, la simplicité de la pose du précurseur de Jésus, ainsi que les contours coulans de ce jeune corps dont les formes pures ont une analogie parfaite avec celles de la belle figure grecque connue sous le nom du *Tireur d'épine*; vous n'admirerez pas moins les traits de son visage, qu'on voit de profil. Quelle expression douce, et que de grâce dans cette tête aux blonds cheveux, qui est si bien placée sur le corps! Il ne faut pas négliger le coloris vrai et fin de ce tableau, que nous plaçons au premier rang. Ce peintre, justement célèbre fut l'élève d'André Verrochio.

Au talent supérieur que Léonard avait dans la peinture, il réunissait la connaissance la plus profonde des mathématiques ; il savait parfaitement l'architecture et la perspective ; il nous a laissé un Traité sur la peinture et les proportions du dessin, qui sera toujours un ouvrage classique pour ceux qui se livreront à l'étude de cet art. Ce grand peintre a produit aussi quelques morceaux de sculpture qui ne sont pas moins estimés que ses tableaux. Appelé en France par François 1er, qui le traita plus en artiste et en ami qu'en sujet, lui donna particulièrement des marques de son estime et de son affection, Léonard mourut à Fontainebleau, dans les bras du roi, en 1520, à l'âge de soixante-quinze ans.

Horace GENTILESCUS. (École florentine.)

2. Gentilescus, né à Florence au milieu des plus belles productions des arts, s'étant consacré de bonne heure à l'étude de la peinture, quitta sa patrie du moment où il eut connaissance de son mérite comme dessinateur et comme peintre. D'abord, il passa en Espagne, puis en Angleterre, et enfin il vint s'établir dans les Pays-Bas, où la réputation qu'il avait méritée auprès des puissances étrangères lui valut les avantages les plus honorables. Étant en

Espagne, il peignit par ordre du roi deux tableaux
pour l'Escurial; et Charles 1er, roi d'Angleterre,
l'ayant appelé à sa cour, il fit une *Madeleine péni-
tente* et *Loth et ses filles* qui firent l'admiration de
tout le monde. Si, à tous ces avantages, vous ajoutez
la perfection de ses qualités personnelles, vous aurez, suivant Sandrart, son historien, une juste idée
du célèbre peintre Gentilescus, dont on ignore l'é-
poque de la naissance et celle de la mort. On croit
qu'il mourut à Londres, comblé des bienfaits du roi.

Le genre historique est celui qui fut particulièrement pratiqué par Gentilescus, et celui dans lequel
il excellait. Le tableau que nous possédons de sa
main est fait pour donner une bonne idée de sa manière de composer, de dessiner et de peindre; il
représente sainte Thérèse, en habit de carmélite,
et dans sa cellule. Le peintre la suppose à genoux,
pénétrée de l'amour de Jésus ; elle est occupée à
écrire ses lettres, dans lesquelles on admire l'élé-
gance du style et les sentimens de piété dont elle
était animée. Dans son extase, ses cahiers et sa plume tombent de ses mains. Deux anges viennent à
son secours : ils sont près d'elle. L'un d'eux, debout, s'empresse de lui retirer la flèche ardente qui
embrase son cœur; l'autre ange est à genoux, la
reconforte, et de la main gauche lui montre un petit chérubin, l'envoyé de Jésus; ce jeune enfant,
symbole de la candeur, va déposer sur sa tête la
couronne virginale que lui envoie son époux.....

Quelle composition simple, mais énergique ! Admirez avec moi la pureté du dessin et la force du coloris ; admirez la beauté des traits de sainte Thérèse, et l'expression que lui inspire son Dieu. Sur toute chose, admirez la chaleur de son âme : elle siége sur ses lèvres, et semble s'évanouir dans ses yeux avant de passer à l'immortalité. Voilà un tableau de Gentilescus, digne de la riche Collection que nous offrons aux amateurs de la peinture et des arts.

CARLO ou CARLINO DOLCI. (ÉCOLE FLORENTINE.)

3. Buste de *la Madeleine repentante*, avec des mains, peint sur bois. Cette tête est celle d'une superbe femme blonde qui exprime le repentir de ses fautes comme l'indiquent ses yeux mouillés de larmes. Sa longue chevelure éparse sur ses épaules est agréablement soutenue par de belles mains.

En peignant cette tête d'expression, Dolci s'est inspiré des formes gracieuses de Corrége. Voyez le contour du visage et cette bouche charmante à demi ouverte sur laquelle se peint la vraie piété. Notre Madeleine aurait dû abandonner les bracelets d'or et de perles qu'elle porte, ainsi que la riche draperie bleue qui lui sert de vêtement, à l'instant même où la grâce divine lui inspira le retour à la vertu.

Dolci fut un peintre gracieux. On le dit élève d'un certain Jacopo Vignali ; né en 1616, il mourut en 1686.

Louis CARRACHE. (École lombarde.)

4. Le tableau de Louis Carrache que nous avons sous les yeux, quoique d'une composition très simple, est grandement conçu ; il représente une Bacchante qui fait danser de petits Faunes au son d'un tambour de basque. Cette nymphe, figurée de grandeur naturelle, n'est point une bacchante qui se livre aux plaisirs des sens ; elle est sage, sévère, tranquille et dans une attitude noble. Les vêtemens qu'elle porte sont largement jetés, et si sa tunique blanche ne la couvre pas complétement, elle n'ôte rien à la décence que Carrache a voulu conserver. Le petit faune, d'une expression joyeuse, assis sur un tertre, badine avec elle.

Les deux enfans mâle et femelle, nés de faunes, placés au côté opposé, se donnent la main et se mettent en cadence au son de l'instrument que la nymphe frappe et agite. Ils sont parfaitement dessinés, et Carrache leur a donné un mouvement naturel qui inspire la gaîté. Le lieu où se passe cette scène agréable a quelque chose de champêtre ; des montagnes paraissent dans le lointain et forment le fond du tableau. Cette peinture, d'un style *grandiose*, d'un grand effet et d'une belle manière de peindre, est celle d'un peintre savant très exercé dans le maniement du pinceau.

Louis Carrache, né à Bologne en 1555, eut pour

élève son cousin Annibal Carrache ; il mourut en
1619, à l'âge de soixante-quatre ans.

Lucas de JORDANE. (École napolitaine.)

Lucas de Jordane, né à Naples en 1632, était fils
d'Antoine Jordane, peintre assez médiocre ; mis
en bas âge chez Joseph Ribera, il y fit des progrès
si rapides qu'à l'âge de sept ans il produisit des dessins et même des tableaux qui surprenaient les connaisseurs. Neuf ans après, il s'évada secrètement
de chez son maître pour aller à Rome et à Venise.
La nature l'avait doué d'une si grande facilité qu'il
concevait une grande composition et l'exécutait de
suite. Son père lui donna le surnom de *Fa presto,*
à cause de sa grande promptitude à produire ; ce
que nous avons déjà fait remarquer. Il avait aussi
une mémoire si prodigieuse qu'il faisait de réminis-
cence des tableaux dans la manière du maître qu'il
voulait imiter. Jordane *Fa presto* passa à la cour du
roi d'Espagne en 1690 ; il y travailla pendant plusieurs années avec succès, comblé de bienfaits et
d'honneurs. Après la mort du roi Philippe v, le roi
son successeur le fit chevalier. De retour dans sa
patrie, il mourut à l'âge de soixante-treize ans, en
1705.

5.   Lucas de Jordane a représenté ici de grandeur naturelle Lucrèce et Tarquin. Lucrèce est à
demi couchée sur un lit, et vue par le dos. Tarquin,

qui est accompagné d'une jeune Maure, et vêtu à l'espagnole, me fait supposer que ce tableau a été fait en Espagne, et qu'il représente deux amans distingués dont ce sont les portraits; car Lucrèce n'est point autrement effrayée, et n'a point d'arme pour se défendre de la visite inopportune de Tarquin. Ce tableau, d'un beau coloris, est peint largement, avec une grande facilité; et on peut supposer que Lucas de Jordane a eu l'intention d'imiter le faire de Murillos. *Voyez,* dans notre Collection, les tableaux de Murillos.

Jean-Baptiste MOLA. (École italienne.)

6. Pour nous conformer à la nomenclature historique, nous avons classé le peintre Mola au nombre de ceux de l'École italienne. Nous avons de ce maître un petit tableau représentant saint Jean l'Évangéliste écrivant l'*Apocalypse* dans un lieu solitaire. Ce poète mythologiste est assis sur un tertre et figuré au pied d'un groupe d'arbres, tenant sa plume d'une main, et de l'autre une tablette sur laquelle il fixe sa pensée. Un lac, des fabriques et des montagnes composent le fond du tableau.

Jean-Baptiste Mola, que l'on fait naître en France vers 1620, fut d'abord, dit-on, élève de Simon Vouët; on ajoute qu'ayant le désir de voyager et de perfectionner ses études, il passa en Italie avec l'intention d'entrer dans l'École d'Albane; que ce peintre lui ayant reconnu des talens l'employa à la préparation de ses ouvrages. Ce genre de travail forma singulièrement le goût du jeune Mola, qui, sans s'écarter des préceptes de son second maître, se fit une manière à lui, et une grande réputation. Son coloris, sans être aussi précieux que celui d'Albane, a de la vigueur, de la finesse, et même quelque chose de séduisant par des éclats de lumière placés à propos. Ce peintre excellait surtout dans le paysage ; le choix des sites qu'il a peints est toujours heureux et en harmonie avec les traits d'histoire auxquels ils appartiennent.

Corneille ENGELBRECHTSEN.
(École flamande.)

Cornelis Engelbrechtsen, né à Leyden en 1468, célèbre peintre de son temps, fut l'élève de Jean Van Eyck et le maître de Lucas de Leyden, qui passa pour être le fondateur de l'École hollandaise. Sans aller en Italie, Engelbrechtsen parvint à bien dessiner les têtes, surtout à rendre la physionomie des personnages qu'il peignait, soit qu'il les supposât dans des situations pénibles ou agréables. L'étude de l'anatomie était proscrite dans les Écoles de peinture, et malgré son application à copier le modèle qu'il avait devant les yeux, il ne parvint pas à bien dessiner et à bien peindre un corps humain.

Dans l'un des tableaux que nous possédons de ce

maître, remarquez que le corps de Jésus attaché à une colonne ressemble à ce que fait un écolier qui dessine pour la première fois d'après un modèle vivant. Il n'en est pas ainsi des expressions ; toutes sont variées et précises, suivant l'action et même la pensée qu'Engelbrechtsen suppose à l'individu qu'il représente. Les draperies, bien disposées, sont plissées avec adresse et avec goût ; elles ont l'avantage de nous faire connaître les costumes du temps où florissait ce grand peintre. Le coloris d'Engelbrechtsen est beau et vrai. Le tableau n° 7 nous offre des carnations telles qu'elles paraissent au grand jour, c'est-à-dire que les personnages placés sur un terrain extérieur se détachent en demi-teinte sur un fond clair d'architecture, ce qui produit un grand effet. Voyez au Musée le beau tableau des *Noces de Cana*, par Paul Véronèse, qui a observé le même principe pour éclairer son tableau. Si, enfin, la rectitude dans la perspective manque à nos deux tableaux, ils n'en sont pas moins précieux ; c'est généralement un défaut que les premiers peintres de nos anciennes Écoles partagent avec celles de l'antiquité.

7. Les peintures anciennes sont utiles dans une collection de tableaux, surtout quand elles appartiennent à une École qui en a fourni une suite semblable à celle que nous possédons des Écoles flamande et hollandaise.

Le premier tableau d'Engelbrechtsen représente

Jésus amené par le peuple juif devant Ponce-Pilate : ce peuple mutiné demande sa mort. Après son interrogatoire, le gouverneur de la Judée, assis dans son tribunal, proclame son innocence ; il se lave les mains selon l'usage du pays, et livre l'accusé au peuple. Chaque Juif porte sur son visage le trait de la passion qui le fait agir. Comme ces caractères variés sont bien opposés à celui de la douceur et de la résignation de Jésus !.... Admirez la pose et le geste de ce forcené qui l'accuse ; il met la main à son chapeau par dérision, lui présente le poing et le touche au visage. Celui qui l'entraîne n'est pas moins remarquable que celui qui demande sa mort, et que signale son bonnet vert. En un mot, c'est un tableau d'étude très remarquable.

8. Le second tableau fait voir Jésus attaché à la colonne du prétoire, et recevant des coups de verges et de fouet de deux misérables, pendant que deux autres bourreaux s'occupent de tresser la couronne d'épines. Pilate, indigné de ce qui se passe, se montre à la porte du prétoire et marque sa surprise.

Comme dans le précédent tableau, vous trouverez dans chacune des têtes une expression juste et motivée, suivant le caractère de l'individu ; enfin, deux tableaux seraient parfaits si Engelbrechtsen it eu connaissance du beau idéal. S'étant acquis e grande réputation, il mourut à Leyden en 1533, à l'âge de soixante-cinq ans.

Pierre-Paul RUBENS. (École flamande.)

Deux magnifiques tableaux peints sur toile, représentant la vengeance de Tomyris, reine des Scythes, exercée envers Cyrus, et la continence de Scipion : le premier a 6 pieds 3 pouces de haut, sur 10 pieds 10 pouces de large ; le second a 6 pieds 6 pouces de haut, sur 12 pieds 8 pouces. Les figures, de grandeur naturelle, de ces deux ouvrages, provenant de la galerie d'Orléans, dans l'un sont au nombre de dix-sept, et dans l'autre de seize.

Ces tableaux, suivant la tradition et quelques catalogues anciens, ont appartenu à Christine de Suède, qui fut obligée de sortir de France après le meurtre de Monaldeschi : elle se retira à Rome, où, s'occupant des sciences, des lettres et des arts, elle passait sa vie dans la société des savans et des artistes. Étant allée en Suède après la mort de Charles-Gustave, Christine revint à Rome pour la troisième fois ; elle y mourut en 1689. Cette reine, qui aimait tout ce qui était grand et noble, séduite sans doute par la beauté de ces deux tableaux, dont les sujets lui plaisaient, en aura fait l'acquisition pendant sa résidence en Italie, où Rubens les avait peints. Après la mort de Christine, le régent de France les fit acheter une somme considérable, pour en orner sa galerie.

9. Tableau représentant *Tomyris*. L'histoire rapporte que Tomyris, reine des Scythes massagètes, animée par la fureur de la vengeance contre Cyrus, roi de Perse, qui avait tué son fils dans un combat qu'il avait livré aux Scythes, ayant à son tour vaincu Cyrus, et s'étant rendue maîtresse de sa personne, elle lui fit trancher la tête, la fit plonger devant elle dans un bassin plein de sang, disant : *Barbare! rassasie-toi, après ta mort, du sang dont tu as été altéré pendant ta vie.*

Tomyris, vêtue d'une robe de satin blanc doublée de jaune, portant un grand voile qui laisse voir son diadème, regarde avec joie la tête de Cyrus qu'un esclave plonge dans un bassin qui est devant elle. A côté de la reine, on voit une de ses femmes et trois autres qui l'accompagnent, parmi lesquelles il en est une d'un âge avancé ; deux pages portent la queue de sa robe. La partie à droite du tableau représente les officiers de l'armée et les soldats de Tomyris ; à gauche sont les chefs de l'état civil.

10. *La Continence de Scipion*. Publius Cornelius Scipion surnommé *l'Africain*, créé *édile* à l'âge de vingt-deux ans, fut envoyé en Espagne à l'âge de vingt-quatre. Il en fit la conquête en moins de quatre années ; battit complétement l'armée ennemie, et prit Carthagène en un seul jour. Ses soldats lui amenèrent une jeune Espagnole qui était restée dans la ville comme otage ; sa beauté surpassait l'éclat de sa naissance, et elle était éperdûment

aimée d'un jeune Celtibérien nommé *Allutius*, auquel elle était fiancée. Scipion vit sa belle prisonnière, l'admira et la remit entre les mains de son père et de son amant, et voulut que l'argent destiné pour sa rançon servît à augmenter sa dot. Ce grand homme cependant aimait les femmes avec passion, mais il aimait encore plus la gloire et la vertu. Il renvoya également la femme de Mardonius et les enfans d'Indibilis, qui étaient des princes du pays : ils avaient été pris, et furent trouvés parmi les prisonniers.

Dans le tableau de Rubens, Scipion est assis sur un trône en habit militaire ; le jeune Celtibérien et sa fiancée sont devant ce vertueux et grand capitaine : ils se donnent la main. Allutius, agenouillé sur les marches circulaires du trône, qui sont couvertes d'un tapis, présente sa future épouse, qui arrive avec un air modeste ; il est habillé de bleu, et sa fiancée est vêtue de blanc, ayant une espèce de manteau écarlate broché d'or que lui portent deux de ses suivantes. Le vieillard et la femme âgée qui sont près d'elle paraissent être ses père et mère ; les autres personnages sont de l'armée de Scipion. Le fond du tableau est une galerie ornée de statues avec des colonnes qui forment des arcades dans l'une desquelles on aperçoit quelques soldats romains.

Si vous jetez un coup d'œil sur ce bel ouvrage, vous serez émerveillé de l'ensemble de la composition. On voit positivement que c'est une cérémonie d'apparat que Rubens a peinte, et que l'action du capitaine romain est noble , grande et digne. La scène se passe en plein air et sous un portique. L'effet du jour est parfaitement ménagé et rendu dans toutes les parties du tableau ; il est impossible de donner en même temps plus de force et d'harmonie. Si vous aimez le clair-obscur et le génie de ce peintre extraordinaire, voyez le groupe que forment Scipion et ses officiers ; regardez ce vieux Romain vêtu d'une peau de lion, qui s'appuie sur un faisceau, et aussi cet esclave qui, obéissant à l'ordre du généreux vainqueur de Carthagène, s'empresse de verser dans un vase l'or que Scipion offre à la fiancée d'Allutius. Tous les détails de ce groupe privé de lumière s'offrent à vos yeux aussi positivement que s'ils étaient éclairés.

Que la fiancée est belle !.... Admirez son air de candeur, son attitude noble et son maintien modeste ; arrêtez-vous à l'éclat de son teint et à la fraîcheur de son coloris. Que la main qu'elle tend à son futur époux est gracieuse, et combien est vrai le mouvement de celle qu'elle laisse négligemment errer sur sa robe ! On dirait une jeune vierge couronnée de fleurs, marchant à l'autel de l'hyménée ! Ses femmes , placées derrière elle, sont également belles et modestes. Jamais peintre n'a mis autant d'éclat dans ses tableaux , et ne leur a donné plus de vérité.

Rubens possédait toutes les qualités nécessaires à un peintre d'histoire ; son génie s'élevait jusqu'au sublime; son imagination lui faisait inventer les plus spirituelles, les plus nobles et les plus riches compositions, ainsi que les plus burlesques. Les tableaux de *Tomyris* et de *Scipion*, les allégories sur la vie de Marie de Médicis du Musée royal, sont un exemple de son génie poétique dans le genre élevé; et celui représentant une *Fête flamande* est une preuve de la flexibilité de son imagination. Tout, dans ses ouvrages, jusqu'aux moindres détails, est d'accord avec le sujet qu'il a peint.

Passons à l'examen de cette grande et vigoureuse composition de Rubens, qui nous fait voir la vengeance cruelle de Tomyris. Cette reine, richement vêtue, ornée de son diadème, est debout devant la tête de sa victime. Le souvenir de la mort de son fils la préoccupe; elle s'appuie du bras gauche sur l'une de ses femmes. Admirez particulièrement la tête de Tomyris; elle est d'un dessin pur et parfait : deux expressions qui pourtant se contrarient, se manifestent sur son visage, la joie et la fureur concentrée, et, si son attitude paraît tranquille, sa main agitée par la passion éprouve une contraction naturelle à sa position, celle du frémissement.

Dans ce tableau, il n'y a pas un coup de pinceau qui ne soit une imitation de la nature. La beauté des femmes qui accompagnent la reine n'est pas moins remarquable; leur dévoûment pour cette princesse s'exprime par une sorte d'indifférence sur ce qui se passe. La belle blonde, surtout, qui est

vue de profil, à la pureté de ses traits ajoute une
attitude tranquille; elle baisse les yeux, et porte sur
son bras un petit chien, symbole de sa fidélité pour
sa maîtresse : ses mains, d'un coloris frais, attirent
aussi l'attention. La brune n'a pas moins de beauté;
son regard perdu ajoute à l'expression de sa compa-
gne et s'accorde avec celle de la vieille femme qui
est placée près d'elle, comme l'est ordinairement
une mère tendre auprès de ses enfans. Quel heureux
contraste dans l'expression des deux pages ! L'un ,
trop jeune encore pour prendre part à l'action, regarde le spectateur : la gaîté de l'enfance se peint
sur son visage. L'autre, au contraire, dans l'âge
adulte, éprouve un sentiment de gêne et de douleur
qui se peint par son expression et par son attitude ;
il s'appuie sur l'épaule de son jeune compagnon.
Cette partie de la composition du tableau se trouve
sous le portique du palais qui est orné de colonnes
torses de marbre blanc; elles sont chargées de bas-
reliefs représentant des jeux d'amour très agréablement peints.

En parlant de cet inconcevable et admirable tableau, je ne négligerai pas de dire un mot de l'art
avec lequel Rubens a placé et peint les premiers
officiers de l'armée et les principaux chefs de la cour
de Tomyris. C'est ici que vous remarquerez la
grande intelligence du peintre pour le clair-obscur ;
il égale celui de Giorgion, qu'il a voulu rivaliser :
il a réussi. Tous les personnages présens à cette scène

sont debout, par respect pour la reine, selon l'usage reçu dans toutes les cours. C'est une difficulté de plus que notre grand peintre avait à surmonter. Un guerrier armé de pied en cap se trouve près de la reine et derrière l'esclave imberbe qui apporte la tête de Cyrus ; il s'appuie sur sa masse d'armes et regarde sans aucune émotion l'action que fait le jeune esclave à demi nu , dont la fraîcheur du coloris passe toute imagination. Deux autres officiers se lèvent sur la pointe des pieds pour contempler la tête du héros qui avait souvent conduit les Perses à la victoire. Vient ensuite le chef de l'état scythe vêtu à la turque ; il est coiffé d'un turban , porte une longue barbe , et ce barbare témoigne son approbation par son geste et ses mains ouvertes ; un autre chef de l'état, couvert d'une longue robe rouge brochée, garnie de fourrure , reconnaissable à ses moustaches pendantes et à sa coiffure élevée, s'avance les mains derrière le dos ; habitué à voir couler le sang , il se montre indifférent à l'action qui se passe. Un troisième chef scythe s'appuie sur celui-ci , il porte un vêtement jaune doublé de satin bleu. D'autres soldats encore s'approchent de ce groupe ; un officier remarquable par sa jolie figure , peu attentif à l'action, semble s'occuper plus particulièrement de l'une des suivantes de la reine. La perfection du clair-obscur de cette partie du tableau de Rubens est si étonnante que ce grand peintre n'en a jamais produit de semblable. On entre dans la scène , l'om-

bre est lumineuse ; on tourne autour de chaque
figure ; enfin, le **Musée** n'en possède pas d'aussi
parfait. (1)

En définitive, nous remarquons que ces deux tableaux d'une rare beauté, d'une composition riche,
d'un coloris vigoureux, brillant, et d'une parfaite
conservation, ont été peints en Italie pendant le séjour
que l'illustre Rubens fit dans cette contrée, où il a
laissé bon nombre de chefs-d'œuvre : il avait alors
vingt-quatre ans. On aperçoit facilement qu'étant à
Mantoue, il étudia les peintures de Jules Romain,

---

(1) Ces deux tableaux ont été gravés par Bolswert, sous les
yeux de Rubens, qui en a retouché les premières épreuves, dont
les plus belles se voient dans le cabinet de François ii, empereur
d'Autriche, l'un des plus grands amateurs de l'Europe. Ces mêmes
gravures ont été reproduites par le burin de Schut et de Ragot,
artistes apographes. D'autres gravures de nos tableaux ont paru
de nouveau en 1788, dans la *galerie d'Orléans*, mise au jour par
M. Couché ; les dessins ont été faits sous mes yeux par M. Borel.
Je copiais alors les grands maîtres dans cette galerie magnifique,
formée par le Régent, où j'ai vu et étudié pendant huit ans les
deux tableaux de Rubens que nous possédons.

Le Régent avait formé cette Galerie, non pas comme premier
prince du sang ou comme un simple amateur, mais comme homme
de goût, et pratiquant lui-même la peinture. Dans une petite galerie dite *la Lanterne*, le prince avait peint, sur le plafond, des
tableaux de la fable de Médée.

Malgré les talens du Régent comme chimiste (il composait ses
couleurs), les tableaux curieux que j'ai vus, et que l'on aurait dû
faire enlever lors de la démolition de l'ancien Palais-Royal, avaient
passé au noir, comme quelques uns des ouvrages de Coypel. Ce
peintre avait donné des leçons de dessin et de peinture au prince,
qui gravait aussi fort agréablement.

et qu'étant à Venise, il s'inspira du coloris de Titien, de Tintoret et même de Paul Véronèse, dont
les études sérieuses formèrent définitivement son
grand talent.

11. Nous avons une nouvelle preuve de ce que
nous avançons par la belle *Tête de Christ au roseau*
que nous avons sous les yeux, et que nous supposons être celle de Jésus attaché à la colonne du prétoire où il fut flagellé et couronné d'épines. L'expression et le coloris de ce buste sont admirables ;
le faire est hardi et surprenant. Rubens étant à Rome
quand il a peint ce buste, a vu la belle tête de la statue antique de Laocoon; tout est imité du chef-
d'œuvre grec, jusqu'à la contraction du col, qui exprime la douleur aussi bien que les traits du visage :
l'âme de Rubens conduisait son pinceau.

Aucun peintre, dans ses ouvrages, n'a porté l'expression à un plus haut degré d'exaltation; il savait donner la vie à ses personnages par sa touche
animée et pleine de feu ; ses draperies ne sont pas
toujours d'un bon choix; jamais elles ne sont dans
le style que les sculpteurs et les peintres de l'antique Grèce avaient adopté; mais elles offrent des
plis largement tournés, pris dans la nature, et ils
s'harmonisent avec le coloris et l'effet qu'il s'est pro-
posé de rendre. Rubens a réuni l'avantage très rare
de bien peindre les carnations des hommes et des
femmes ; l'énergie et la vigueur des hommes sont
parfaitement rendues dans ses tableaux, et les fem-

mes y conservent tout le charme de leur sexe. Le dessin de ce grand génie, que l'on a si souvent attaqué sans jamais en faire la critique raisonnée, ne pèche nullement par la science; il savait parfaitement l'anatomie, et si son dessin n'est pas correct, il est toujours bien senti et bien accusé. Et si vous examinez attentivement la tête de Tomyris, qui est vue un peu plus que de profil, vous reconnaîtrez qu'elle est aussi belle pour le dessin que celle de la Vierge du tableau de Raphaël connu sous le nom de *Sainte famille*, qui est au Musée du Roi. En un mot, on peut, sans craindre un reproche, appliquer au talent de Rubens les vers de Boileau sur la poésie épique :

> Là, pour nous enchanter, tout est mis en usage ;
> Tout prend un corps, une âme, un esprit, un visage.

Pierre-Paul Rubens, né à Cologne en 1577, mourut à Anvers à l'âge de soixante-trois ans, en 1640.

Antoine VAN DYCK. (École flamande.)

Antoine Van Dyck, né à Anvers en 1599, fut l'élève, le rival et l'ami de Rubens : il a peint l'histoire et le portrait. Les tableaux d'histoire de ce maître sont rares et recherchés; celui que nous possédons est un de ses plus beaux ; il est connu sous le nom d'*Ex voto à la Vierge*, mais je lui donne un autre titre, comme on le verra bientôt. Un ouvrage aussi parfait manque au Musée du Roi.

12. Nous ne négligerons pas de décrire ce tableau que Van Dyck a peint en Angleterre, probablement pour une congrégation de prêtres augustins, ou pour un couvent de religieuses du même ordre.

Cette belle et riche peinture se compose de vingt-deux figures tellement caractérisées qu'elles paraissent être allégoriques. Dans la partie supérieure et au centre, on voit un édifice, et au-devant une estrade fort élevée avec son escalier ; l'un et l'autre construits en pierre et ornés de sculptures. Là, la sainte Vierge est assise comme sur un trône ; elle tient dans ses bras et sur ses genoux l'enfant Jésus ; saint Joseph paraît derrière elle ; à ses pieds, sainte Catherine à genoux baise la main du fils de Dieu ; un ange la suit, il tient un bouquet à la main pour exprimer qu'un jour cette jeune vierge sera l'épouse de Jésus. Une draperie rouge formant un dais au-dessus de la tête de Marie, voltige et se groupe avec les colonnes du temple qui lui est consacré, et sur un rayon lumineux on voit paraître deux anges tenant des couronnes ; ils s'empressent d'en faire hommage à la reine des cieux. Derrière les colonnes, saint Pierre et saint Paul ayant les attributs qui les distinguent, sont placés debout et sur le même plan. Au côté opposé, sur le haut des marches de l'escalier, on remarque saint Jean Baptiste, également debout, ayant les bras levés ; il exprime une grande satisfaction et même l'extase ; à ses pieds, deux en-

fans conduisent un mouton. Voilà ce qui compose
la partie supérieure du tableau de Van Dick, dont
je compare l'harmonie et la distribution de la lumière à une guirlande de fleurs qui serait éclairée
par le soleil.

Dans la composition inférieure du tableau, le
peintre paraît avoir développé complétement le mo-
tif du sujet adopté, que je suppose être le *triomphe
de l'Église romaine*. On voit au centre et en tête
des groupes saint Augustin en habits sacerdotaux,
placé d'une manière prépondérante sur les marches
du trône ; son attitude et ses mouvemens animés
indiquent assez qu'il conduit le cortége nombreux
qui vient rendre hommage à la mère de Jésus. Van
Dyck lui-même, inspiré de l'enthousiasme qui ani-
mait le père de l'Église romaine dans ses saintes pré-
dications, lui a donné cette noblesse imposante et
cette véritable chaleur que lui inspirait son amour
pour la foi, et aussi la sublime éloquence qu'il im-
primait à tous ses discours, et qu'il développa plus
tard dans son *Symbole de la foi* et dans son traité
de *la Cité de Dieu*. La mitre en tête, de la main
droite, il s'appuie sur sa crosse, et de l'autre il tient
un cœur enflammé, symbole de son ardeur à soutenir les saintes vérités. (1)

A la gauche de saint Augustin se trouve saint
Sébastien, qui est debout, une main posée sur un

---

(1) Saint Augustin mourut en 430, à l'âge de soixante-seize ans.

arc et l'autre sur un carquois, qui sont les instrumens de son supplice. Ce jeune corps vu de face,
d'un dessin coulant, d'un coloris frais et rosé, se
détachant sur la cuirasse vigoureuse de saint Maurice qui lui tourne le dos, produit un grand effet.
Vient ensuite saint Georges, aussi debout et armé
de pied en cap ; il est monté sur le dragon qu'il a
tué, et tient à sa main un drapeau rouge sur lequel
se détache complétement son armure. Ce grand et
pieux guerrier fait allusion à l'Angleterre, qui le
choisit pour son patron : ces deux personnages paraissent converser ensemble. Plus loin, du même
côté, on remarque sainte Appoline, sainte Barbe,
la Madeleine et une religieuse de l'ordre de saint
Augustin ; celle-ci tient une balance à la main pour
indiquer que la justice la plus rigoureuse est la
principale vertu de son ordre ; la Madeleine relève
ses cheveux blonds dont elle a détaché les ornemens.

Du côté opposé, et sur le même plan, est peint
saint Laurent à genoux, habillé en diacre, et s'appuyant sur son gril ; derrière lui se trouve un re-
ligieux augustin, debout ; il tient à la main un
pain, pour rappeler la retraite d'Élie dans le désert,
où ce prophète fut nourri par un ange qui lui ap-
portait tous les jours *le pain de la grâce divine*. (1)

____

(1) Ceux qui suivent les préceptes de saint Augustin supposent
que la *grâce divine* veille à la conservation et à la nourriture de
ceux qui ont confiance en Dieu.

Van Dyck, en peignant le triomphe du plus célèbre père de l'Église, a peut-être voulu rendre
hommage aux vertus et au mérite d'un autre saint
Augustin, archevêque de Cantorbéry, qui fut envoyé en Angleterre par le pape saint Grégoire-le-
Grand, pour convertir les sujets de la Grande-
Bretagne, et les ramener à la véritable foi. En effet
l'archevêque, animé de l'esprit saint de son patron,
renversa les temples consacrés aux idoles, et bâtit
des basiliques aux chrétiens; ce que sans doute
exprime, dans notre tableau, le temple, d'une architecture du Bas-Empire, qui est peint près du
trône de la sainte Vierge.

L'archevêque de Cantorbéry parut sous le règne
d'Éthelbert, roi de Kent, qui avait épousé la fille
de Caribert, roi de Paris. Comme vous le voyez,
tout a un but et coïncide dans ce tableau magnifique; car saint Sébastien, qui y tient une place
distinguée, fut un des plus zélés défenseurs de
l'Église romaine, dont le triomphe est représenté
d'une manière éclatante.

On reconnaît généralement, dans les productions
historiques de Van Dyck, du mouvement et de
l'expression, un dessin coulant, un coloris suave et
doux, une manière de peindre spirituelle et facile,
qui ne laisse rien à désirer. Van Dyck, homme du
monde, d'un tempérament plus flegmatique, et par
conséquent plus calme que ne l'était Rubens, son
maître, a montré moins d'énergie dans ses ouvrages;

mais ceci est racheté par un charme séducteur, tant dans les pensées qu'il a peintes que dans le coloris qu'il a exprimé sur la toile. *Rubens a senti fortement la poésie du coloris; Van Dyck en a mieux saisi la finesse et la vérité.*

13. Autre tableau de Van Dyck représentant *Suzanne surprise au bain par deux Vieillards.*

La composition de ce tableau précieux, comme toutes celles des élèves de Rubens, est calculée pour faire briller l'art du coloris. Dans un jardin symétriquement taillé à la manière flamande, et près d'une fontaine jaillissante, formée d'un Amour en marbre qui est monté sur un dauphin, et qui renverse de l'eau d'une urne, on voit Suzanne, simplement couverte d'un linge sur quelques parties de son corps. Deux vieillards avaient conçu le projet d'attenter à sa vertu; ils se présentent inopinément, et osent porter leurs mains criminelles sur cette femme. (Pour plus de renseignemens sur cet apologue, voyez l'*Ancien Testament.*)

Le portique d'un palais, qui est soutenu par deux Faunes employés comme cariatides, forme le fond du tableau, et annonce par sa richesse la demeure de la belle Suzanne, femme de Joakim, de la tribu de Juda, l'un des plus riches particuliers de Babylone. Cependant un ciel sombre semble avoir été combiné par le peintre pour exprimer la hardiesse téméraire et insensée des deux vieillards.

Ce tableau, d'un coloris admirable, est d'un effet

calme et harmonieux; les carnations sont belles, brillantes et bien fondues. Le linge que les vieillards enlèvent produit un effet merveilleux; le passage du blanc du linge avec le ton animé de la chair, est d'une perfection et d'une finesse dans les demi-tons qui ont de l'analogie avec les plus beaux ouvrages du Titien. Remarquez que la couleur pourpre qui enveloppe une partie des jambes de Suzanne sert de repoussoir, et fait valoir les chairs.

Enfin l'expression de cette femme, surprise dans un moment où elle se croit absolument libre et seule, est touchante : on peut considérer la candeur du visage de Suzanne comme l'image de la vertu; elle est bien dessinée, et rappelle les traits de la Vénus *Anadyomène*. Vous ne négligerez pas non plus d'examiner les extrémités de cette femme charmante : les pieds et les mains sont d'un dessin soigné et d'un fini précieux, peu ordinaire aux peintres flamands; la main droite surtout, avec laquelle Suzanne se couvre, est un chef-d'œuvre. Heureux l'amateur des arts qui possède un aussi beau tableau de Van Dyck!

14. Du même peintre, une très belle tête d'expression, peinte sur bois, représentant *saint François d'Assise stigmatisé, et en extase devant un crucifix*. Dans cette étude savante, vous observerez particulièrement le dessin vigoureux et animé des mains, ainsi que l'austérité qui se peint sur le visage de saint François; son expression est le senti-

ment d'une profonde vénération, et aussi celle de
la douleur des cinq plaies de Jésus, qui le frappent
au moment de son extase.

Adonné plus particulièrement aux portraits, Van
Dyck en a prodigieusement faits, tant en Flandre,
en Angleterre, qu'en France : ressemblance posi-
tive, expression et dessin parfaits, coloris transparent, frais et délicat, voilà ce qui constitue les portraits qui sont sortis de son pinceau. Chacun est un
chef-d'œuvre que le célèbre Titien aurait revendi-
qué; ils sont d'un prix qu'on ne peut apprécier.

Van Dyck passa une partie de sa vie en Angleterre, où il peignit successivement le roi, les grands
seigneurs et quelques savans distingués : il y fut
particulièrement honoré de Charles 1er, qui le com-
bla de bienfaits. Ce grand peintre mourut en 1641,
après avoir épousé la fille de mylord Ruthven,
comte de Gorée, une des plus belles femmes de la
Grande-Bretagne.

JEAN DE WAAL. (MÊME ÉCOLE.)

Jean de Waal, né à Anvers en 1558, fut élève
de François Franck, surnommé *le Vieux*, pour le
distinguer de Sébastien et de Pierre Franck. Jeune
encore, il vint, dit-on, à Paris pour étudier son art.
Ce fait pourrait être contesté; car il n'y avait alors
de grands peintres dans cette capitale que Jean
Cousin et Primatice. De Waal passa ensuite en Italie

pour se perfectionner davantage, et revint ensuite dans sa patrie, où il pratiqua avec un égal succès l'histoire et le portrait : il y mourut en 1633, à l'âge de soixante-quinze ans.

15. Le grand tableau peint sur bois que nous possédons de ce maître se compose au moins de quarante figures, debout et rangées avec ordre : il représente *le Jugement de Salomon*. On remarque dans ce tableau une composition grandement conçue, des costumes variés, un coloris vigoureux et un effet imposant; il est signé de la main du peintre.

François BREYDEL. (Même École.)

16. Petit tableau, d'une composition riche et agréable, représentant la *Fondation de Carthage*.

Didon, fuyant la tyrannie de Bélus, s'embarque avec les siens, ses trésors et une partie des peuples du tyran. Les vents la poussèrent sur les côtes d'Afrique, où régnait Iarbas; celui-ci lui ayant refusé de prendre possession sur ses terres, elle lui demanda à acheter autant de terrain qu'elle pourrait en entourer avec la peau d'un bœuf; le roi y consentit et le lui accorda : alors la princesse coupa le cuir en bandes si déliées et si longues, qu'elle entoura un espace de terre assez considérable pour y établir la ville de Carthage, avec une citadelle appelée *Byrsa*, qui signifie cuir ou peau. Voilà le sujet que Breydel a peint.

Ce charmant petit ouvrage, d'une riche composition, présente un nombre considérable de figures. Pendant que les troupes débarquent, la reine, richement vêtue, accompagnée de ses femmes, de ses gardes, et de deux pages qui portent la queue de son manteau, figurée debout devant Iarbas, fait ouvrir la caisse qui contient la peau de bœuf qui va servir à arpenter le terrain qu'elle désire obtenir.

François Breydel, né à Anvers en 1679, frère de Charles, né dans la même ville en 1677, et très habile peintre de paysage, peignit d'abord le portrait avec succès; mais dans la suite il adopta un genre qu'il ne quitta plus : c'étaient des bals, des carnavals ou des fêtes galantes, dans lesquels il variait ses figures par les caractères et les habillemens. En général, ses tableaux sont d'un coloris riche et éclatant.

Ce peintre mourut à Anvers en 1750

Jean GLAUBER et Gérard LAIRESSE.

(École hollandaise, division de l'École flamande.)

17. *Diane au bain*, figurée au milieu de ses nymphes dans un fond de paysage. Les figures de ce petit tableau sont peintes par Lairesse, et le paysage par Glauber.

Gérard Lairesse, né à Liége en 1640, fut élève de son père, qui était un assez bon peintre. Lairesse avait du génie : il a produit un nombre considérable de tableaux d'histoire et de dessins qui sont recherchés. Il a gravé lui-même une suite nombreuse de ses compositions qui servent d'étude aux jeunes peintres. Son coloris, sans être vigoureux, a du charme ; il est harmonieux, tirant un peu sur le violet ; sa manière de peindre est extrêmement fondue, sa touche fine et spirituelle ; ses draperies, largement développées, ont de l'analogie avec celles de Poussin. Ce peintre célèbre mourut à Amsterdam en 1711, à l'âge de soixante-onze ans.

Les jolies figures de notre tableau sont trop petites pour que, en les voyant, on se permette de juger le grand talent de Lairesse, mais on peut y reconnaître la délicatesse de son pinceau.

Jean Glauber, né à Utrecht en 1646, fut élève de Berghem. Si vous joignez aux grandes dispositions qu'il avait reçues de la nature, l'art d'imiter tout ce qu'il voulait, vous aurez une idée de son beau talent. Ainsi Glauber apprit de son maître à peindre parfaitement les animaux, et il perfectionna son style et son goût pour le paysage en dessinant les beaux sites de l'Italie et en copiant les productions des plus grands peintres. Son coloris est vigoureux et son faire agréable. Il mourut à l'âge de quatre-vingts ans, en 1726.

NICOLAS POUSSIN. (ÉCOLE FRANÇAISE.)

Nicolas Poussin parut en France avec éclat lorsque Corneille son compatriote donnait à la scène française *Polyeucte*, *le Cid*, *les Horaces* et *Cinna*.

Poussin, a dit M. Lens, nous donne le modèle d'une simplicité et d'une sagesse qui charment l'amateur éclairé; ses inventions n'ont rien de ce faste pittoresque qui n'en impose qu'à la vue; c'est celui de tous les peintres qui a été le plus pénétré de l'esprit et des maximes des anciens, par rapport à l'invention.

Deux beaux tableaux représentant des sujets allégoriques composés dans le style et dans le goût des peintures antiques et ayant le caractère d'une bacchanale.

18. Ce premier tableau représente Vénus qui ordonne aux Amours de châtier Cupidon à coups de pommes (1), pour le punir sans doute de ses espiégleries : ce tableau représenterait donc l'*Amour puni*. Vénus, figurée debout dans un jardin planté de myrtes, de platanes et de lauriers, est appuyée sur un grand bassin figurant une fontaine au centre de laquelle est placé un jet d'eau; d'une main, elle commande l'exécution de sa volonté, et de l'autre elle tient un miroir. Cupidon, placé au milieu du ta-

---

(1) La pomme est un fruit particulièrement affecté à Vénus.

bleau, est renversé; son arc, son carquois, ses flè-
ches, sont épars autour de lui. Assailli par sept autres enfans, dont deux sont ailés, il lève ses petits
bras en l'air; il pleure et gémit. Deux enfans de la
petite troupe hostile sont séparés de la bande des
correcteurs; un troisième, animé d'un sentiment de
pitié, s'approche de lui et cherche à le couvrir d'un
voile pour le garantir des coups. Pour indiquer que
les fautes que Cupidon a commises sont les suites
de sa légèreté, Poussin a peint un lièvre qui s'é-
chappe et fuit entre les pieds des jeunes correcteurs.

A la gauche du spectateur et au pied de la statue
du dieu Mars, un autre enfant placé debout ren-
ferme dans sa petite tunique blanche qu'il a retrous-
sée, les pommes qui servent au châtiment du fils de
Vénus. Celui du côté opposé est assis, et tient à la
main plusieurs couronnes de laurier qui paraissent
la récompense destinée à ceux qui ont exactement
rempli les ordres de Vénus.

Par ce tableau, ne pourrait-on pas supposer que
Poussin a voulu exprimer que l'amour et ses suites
sont contraires aux entreprises de Mars et incom-
patibles avec les travaux de la guerre? Admirez sé-
parément le dessin et l'expression de chaque tête
d'enfant, elle est charmante, finement rendue, et
touchée plus savamment que celles du peintre Albane, qui passe pour avoir le mieux peint l'enfance

et ses formes. Voyez la beauté du paysage et le choix du site.

19. Le second tableau, qui a le caractère d'une bacchanale, nous paraît avoir l'expression d'une satire, figurée par des enfans réunis dans le but de s'amuser à des jeux de leur âge. Ils sont au nombre de huit; l'un d'eux, caché sous un énorme masque de théâtre, arrive inopinément au milieu de la petite troupe joyeuse qui s'était rassemblée autour d'une cage où étaient contenus trois oiseaux que nous croyons être une corneille, un pivert et un héron. Ces oiseaux symboliques affectés à certains dieux de la fable, sont les symboles des vertus dont la pratique est utile dans le monde. Vous remarquerez qu'une chouette se trouve hors de cette scène tumultueuse, et perchée tranquillement sur un bâton.

L'enfant malin et masqué dont il a déjà été question se précipite sur la cage, qui s'ouvre par l'effroi qu'il cause à ses petits camarades, et il arrive que le héron s'envole, que le pivert est pris à la gorge, et que la corneille demeure au fond de la cage. Les enfans, divisés par groupes, manifestent de diverses manières le déplaisir qu'ils éprouvent de la perte des oiseaux qui charmaient leurs loisirs. La scène se passe dans un jardin qui paraît avoir été consacré à Vénus : on voit des charmilles très élevées, des bosquets et une allée profonde ornée de deux statues du dieu Therme.

Il serait inutile de chercher à définir ce que Poussin a eu l'intention d'exprimer sur la toile, le sujet s'explique de lui-même. Nous rappellerons seulement à nos lecteurs que les anciens avaient affecté la *corneille* à Apollon, le *pivert* à Mars, le *héron* à Saturne, et la *chouette* à Minerve. Vous observerez que, dans cette peinture comme dans la précédente, tout est en harmonie et concourt à la perfection du tableau. Voyez l'esprit de la composition, la pureté du dessin et l'habileté du pinceau. Il est rare de trouver un tableau de Poussin où le grand peintre ait développé aussi complétement son riche et beau talent. Quant au coloris, s'il a poussé au noir, c'est qu'il a cédé à la mauvaise méthode des peintres de son siècle, qui avaient l'habitude de peindre sur des toiles imprimées en rouge. Voyez au Musée du Roi, les autres tableaux que Poussin a peints en Italie, comme ceux de notre Collection, et aussi ceux des autres peintres qui sont tombés dans la même erreur.

Nicolas Poussin, né aux Andelys en 1594, ayant éprouvé des tracasseries et des injustices de l'intendant Desnoyers, surnommé le *Baron aux longues oreilles*, qui lui préféra le mauvais peintre Fouquiers pour décorer la galerie du Louvre, passa à Rome en 1642, où il termina ses jours en 1663, à l'âge de soixante-neuf ans ; c'est pendant son séjour dans cette ville des beaux-arts, qu'il peignit ses plus beaux tableaux ainsi que ceux que nous possédons.

EUSTACHE LE SUEUR. (ÉCOLE FRANÇAISE.)

La nature, en prodiguant à Eustache Le Sueur tous les dons nécessaires à l'illustration d'un peintre, lui refusa en même temps une carrière assez longue pour joindre à tant d'heureuses dispositions des études plus approfondies, et surtout l'expérience. Né à Paris en 1617, il y mourut à l'âge de trente-huit ans, en 1655. Malgré une vie si courte, ses talens n'en furent pas moins grands ; sa gloire fut couronnée par le surnom de *Raphaël français*.

Élève de Simon Vouët, il commença par suivre exactement les principes de son maître, par imiter sa manière de composer, de dessiner et de peindre. On confond souvent les premiers tableaux que Le Sueur fit paraître avec ceux de Vouët. Bientôt, il sentit qu'il pouvait s'élever au-dessus de quelques essais d'école, qui furent célébrés parce qu'ils étaient conformes au goût du siècle. Le Sueur ne pouvant aller à Rome pour perfectionner son dessin et son style, étudia Raphaël d'après les tableaux du Cabinet du Roi, et les belles formes grecques, d'après les marbres et les plâtres que la France possédait alors. Voilà comment les grandes dispositions de Le Sueur se développèrent complétement : son génie se monta à la hauteur de celui de Raphaël, qu'il considéra comme un sujet d'émulation.

Si vous passez au Musée du Roi, vous apprécierez

le grand talent du *Raphaël français;* si vous vous arrêtez devant la *Vie de saint Bruno,* qu'il peignit pour la Chartreuse de Paris; si vous jetez un coup d'œil attentif sur les tableaux de ce grand maître, vous n'admirerez pas moins ceux de notre Collection.

Voyez, dans cette maison qui a été habitée par madame de Sévigné, au salon du rez-de-chaussée, le plafond peint sur bois, de 6 pieds 6 pouces de large, sur 7 pieds 6 pouces, qu'il fit en sortant de l'École de Simon Vouët, dont il rappelle le goût et la manière de peindre. Il représente l'Olympe grec, ou l'assemblée des dieux. Le Sueur a peint madame de Sévigné à la place de Junon (1); Vénus avec l'Amour se voient au côté opposé, puis Apollon, Hébé et Bacchus. Jupiter, placé au centre, est accompagné d'Hercule et d'Iris, qui se groupent avec l'aigle porteur de la foudre. Cette peinture savante, d'un coloris léger et harmonieux, ne manque ni d'effet ni de charme.

20. *Jésus au milieu des Docteurs.* Cette peinture sur bois nous fait voir une composition bien différente de la première : ici, c'est un style sévère; des expressions sages, des attitudes posées. Vous remarquerez principalement les diverses allocutions

---

(1) Madame de Sévigné, considérée comme la dame du lieu, devait tenir la place d'honneur dans un tableau qui a été fait pour elle. Nous en avons parlé, parce qu'il est un point de comparaison avec les autres productions de Le Sueur que nous possédons.

que les docteurs tiennent entre eux sur la doctrine
que Jésus, qui n'a encore que douze ans, oppose à
leurs préceptes.

2 1. Autre peinture sur toile, d'un style agréable, représentant *Bacchus et Ariane dans l'île de
Naxos.*

Bacchus, jeune, est reconnaissable au thyrse qu'il
tient de la main droite; il débarque et trouve la fille
de Minos endormie, et dans la posture où l'avait
laissée Thésée lorsqu'il l'abandonna ; à son arrivée,
l'Amour s'empresse de lever le voile qui la couvrait
pendant son sommeil. Telle est la composition simple et aimable de ce joli tableau. Vous observerez
l'attitude d'Ariane, qui ressent les approches de l'immortalité sans vieillesse que Bacchus, en l'abordant,
lui impose de la part de Jupiter.

Sébastien BOURDON. (École française.)

Bourdon, que ses grands ouvrages historiques
placent au rang des plus célèbres peintres de l'École
française, a fait aussi de très beaux paysages dont
les sites pittoresques inspirent toujours un vif intérêt.

Celui de notre Collection, orné de six figures,
représente l'un des plus beaux lieux de la belle et
fertile Arcadie(1). Une riche plaine, des prés foulés

____

(1) L'Arcadie, contrée du Péloponnèse, riche en bois, en prai-

sous les pieds des danseuses, des arbres élevés, une
pyramide et un tombeau magnifique, où des bergers accompagnés de leurs bergères s'arrêtent devant ce monument d'architecture; ils ont suspendu
leur danse pour l'admirer, et leurs yeux se fixent
sur l'inscription qui en fait l'ornement : elle rappelle des plaisirs passés, *et in Arcadia ego :* et moi
aussi, j'ai été berger en Arcadie, lisent-ils. L'attention d'un vieillard placé au milieu des jeunes gens
est plus marquée, et une tête de mort posée sur le
tombeau même, ajoute à la moralité du sujet. Cette
tête doit se considérer comme une licence permise
à un peintre qui a besoin d'être positif dans ce qu'il
veut exprimer sur la toile. Dans aucun cas, les anciens n'ont figuré de squelette sur les tombeaux,
excepté cependant dans le Bas-Empire. Ils voyaient
un individu dans un squelette, et non la mort, être
abstrait qui ne peut se représenter qu'allégorique-
ment.

L'inscription touchante et philosophique que li-
sent nos bergers, nous conduit naturellement devant le bel ouvrage du Musée, où Nicolas Poussin
a si bien exprimé la position de ces pâtres du Péloponnèse, qui passent d'un plaisir champêtre vive-
ment senti à la plus douce mélancolie...... Dans

---

ries, fournissait de beaux chevaux, et aussi des ânes magnifiques,
aux autres provinces de la Grèce. Les Arcadiens passaient pour
avoir de beaux troupeaux et pour être d'excellens musiciens.

celui de Bourdon, quel contraste ! le printemps de la vie , les bruyans plaisirs de la jeunesse, et la mort. Tel est le sujet représenté par notre peintre français. Dans le fond du tableau, un jeune pâtre nonchalamment couché sur un tertre chargé de verdure, garde son troupeau.

Les paysages de Bourdon présentent toujours des formes inconnues, mais pittoresques ; ils sont enrichis de figures qui en font le charme. Il a peint aussi des petits tableaux d'histoire, des scènes familières ou des corps-de-garde, qui sont fort recherchés des connaisseurs : tels sont les quatre sujets d'invention que nous allons décrire ; ils ont un caractère historique, et forment un petit poëme.

22. Le premier nous fait voir trois jeunes libertins autour d'une table, s'amusant à boire et se divertissant dans une taverne. Une servante et un serviteur assistent à leur conversation , tandis que le cabaretier monte de la cave avec un broc de vin qu'il tient à la main.

23. Le deuxième représente les mêmes personnages, dans un âge mûr, devenus brigands, attaquant et volant des marchands voyageurs. Déjà, l'un de ceux-ci est tué, tandis qu'un autre, tenu à la gorge, est sur le point d'être poignardé : l'expression de ce malheureux mérite d'être remarquée. Dans le fond du tableau et hors de la scène, on aperçoit le troisième marchand qui fuit, et qu'un des voleurs poursuit à coups de fusil.

(45)

24. Dans le troisième tableau, on voit les mêmes brigands dans la cour d'un vieux château ruiné,
faisant entre eux le partage du butin volé, qui est
étalé sur une table de pierre. Ils sont debout autour
de cette table, et le plus jeune essaie un collier de
femme en perles. Cependant un cavalier descend de
cheval : à l'étonnement mêlé de crainte du plus
jeune des voleurs, on doit supposer que le cavalier
en uniforme est un agent de la justice qui vient
pour les arrêter; pendant que cela se passe, un va-
let fait boire le cheval. Vous observerez que, pour
ces trois tableaux, le peintre a suivi le costume de
son temps, qui est celui du règne de Louis xiv.

25. Enfin, le quatrième tableau représente
d'une manière poétique le terme de tout, la mort.
Voyez, plus haut, ce que nous avons dit du tableau
des *Bergers d'Arcadie*.

Ces quatre productions parfaites se font remarquer par des compositions savantes et ingénieuses,
par un coloris doux et argentin, par une touche
fine, légère, et par des effets piquans.

Bourdon, né à Montpellier en 1616, mourut à
Paris en 1671 ; il travaillait pour le roi, dans l'appartement du rez-de-chaussée des Tuileries.

CHARLES DE LA FOSSE. (ÉCOLE FRANÇAISE.)

26. Grande composition pittoresque représentant *le Massacre des Innocens*. Je dis *pittoresque,*

parce que l'abbé Dubos, dans son *Traité de la peinture*, admet deux genres de compositions : la *composition poétique* et la *composition pittoresque*. Si la division que fait l'abbé Dubos, de la composition dans l'art de peindre, présente à l'esprit quelque chose d'exact, il serait pourtant dangereux de réduire sa proposition en principe, puisqu'on ne peut en faire l'application que dans les ouvrages modernes. Les peintres grecs ne reconnaissent d'autres compositions, dans l'art de peindre, que la *poétique* et l'*historique*, et ils n'étaient pas encore parvenus à ce point de connaissance dans la dégradation de la lumière et dans le coloris, qui permet de faire les deux distinctions dont il s'agit.

Le genre de composition qu'on appelle *pittoresque* ne s'est introduit dans l'art de peindre, et n'a pris de la consistance dans les Écoles qu'à cause de la grande difficulté que présentait aux peintres modernes l'imitation des savans ouvrages des grands maîtres des Écoles italienne et florentine, c'est-à-dire, de Léonard de Vinci, de Michel-Ange, de Raphaël, etc. ; et comme nos peintres ne pouvaient arriver à cette perfection, tels efforts qu'ils aient pu faire, ils ont supposé que ce résultat extraordinaire consistait dans une doctrine d'école, tandis qu'il était le fruit du génie cultivé, du sentiment réglé par la raison, et de l'observation dirigée par l'esprit.

L'École des Carrache est la première qui se soit

ecartée de la route de l'enseignement ancien, non pas que l'on **ait** ce reproche à faire à Annibal Carrache et à Dominiquin. Le premier était enthousiaste, et le second, rigide observateur de la nature et des passions humaines. Si on veut analyser la manière de composer pittoresquement, on sera bientôt convaincu qu'elle n'est qu'un mode écrit que l'on apprend. Vous en auriez bientôt un exemple si je décrivais quelques uns des tableaux de Vouët, de Mignard ou de Le Brun, premier peintre de Louis XIV; pour le moment, celui de La Fosse, élève de ce dernier, suffira, parce qu'il est composé dans le principe moderne qui fut adopté dans nos académies. Voyez les tableaux de Le Moine, de De Troy, de Van Loo, même de Boucher. Je m'arrête pour ne pas m'engager dans une longue dissertation.

Revenons au *Massacre des Innocens,* l'un des sujets les plus pathétiques de l'histoire. La composition de La Fosse est grandement conçue; elle a du mouvement, mais c'est un mouvement calculé; il a été imaginé pour produire cet effet pittoresque contre lequel nous nous élevons : et non pas par un sentiment naturel; on est seulement frappé d'une multitude de personnages qui remplissent la toile. Cependant La Fosse, qui avait de l'esprit, a compris que l'expression est tout l'art. En effet, un tableau sans expression n'est qu'une image pour amuser les yeux un instant. Voyez, dans l'angle du tableau, à votre gauche, cette mère, le corps penché, tenant sur ses genoux son fils mort ; elle le regarde au visage ; certaine de sa mort , elle pleure et s'arrache les cheveux de désespoir. Au côté opposé , une autre Juive est évanouie sur son enfant. Voilà qui est vraiment pathétique et vigoureusement senti. Pour le reste de la composition, La Fosse s'est abandonné à la méthode suivie dans l'École de Le Brun ; il a tout sacrifié au système du coloris qu'il avait adopté : après Blanchard, il passe pour le plus grand coloriste de l'École française.

Jean-Baptiste LE MOINE. (École française.)

27 et 28. Deux tableaux de moyenne grandeur, l'un représentant *Vénus au bain*, l'autre *Persée et Andromède*.

Les compositions de Jean-Baptiste Le Moine sont généralement agréables ; son coloris est animé et harmonieux. Le beau plafond des *Travaux d'Hercule*, qu'il a peint au château de Versailles, et celui de la *Chapelle de la Vierge*, à Saint-Sulpice, ont fait la grande réputation de ce peintre gracieux. Les deux ouvrages que nous possédons de ce maître peuvent être mis au nombre des plus agréables qui soient sortis de son pinceau.

Le Moine, né à Paris en 1688, mourut dans la même ville en 1737 ; il s'était suicidé, chez un ami étant à la campagne.

Jean-François DE TROY. (École française.)

De Troy, comme Lucas de Jordane, était né avec une facilité extraordinaire ; il composait et exécutait ses tableaux avec une grande promptitude : son coloris a de la vigueur et de l'éclat.

29 et 30. Les deux tableaux de ce maître que nous possédons sont au nombre de ses plus beaux ; ils représentent les *Amours de Loth pour ses Filles* et *Suzanne au bain surprise par deux Vieillards.* Ces sujets sont trop connus pour les décrire ; d'ailleurs ils se trouvent dans l'*Ancien Testament,* où on peut les lire.

De Troy a peint par ordre du roi, pour être exécutés en tapisseries aux Gobelins, l'histoire complète d'*Esther* et d'*Assuérus*, et les sujets fabuleux relatifs à la conquête de la Toison d'or. Dans le nombre de ces tableaux on remarque *le Triomphe de Mardochée*, et *Jason domptant les taureaux furieux.*

Bartholomeo MURILLO. (École espagnole.)

Bartholomeo Murillo, né dans les environs de Séville en 1613, fut un peintre fort habile. Élève de Velasquez, il perfectionna son coloris et sa manière de peindre en copiant les beaux ouvrages de Titien, de Rubens et de Van Dyck, qui font l'ornement des galeries et des palais de la péninsule. Murillo ayant particulièrement étudié le coloris des tableaux flamands, on lui donna le surnom de *Flamenco Espagnole*. Si, maintenant, vous jetez un coup d'œil sur les trois tableaux que nous possédons de ce maître, vous reconnaîtrez qu'ils ont un coloris, un faire et un genre d'effet pittoresque, qui appartiennent exclusivement à l'École espagnole.

31. Le plus capital des trois représente *Sainte Agnès* vierge et martyre. Figurée debout dans sa prison, elle attend avec résignation le supplice qu'on lui prépare. A travers les barreaux de la prison on aperçoit des bourreaux furieux qui massacrent d'autres vierges pieuses comme elle ; un mouton, symbole de la douceur, est à ses pieds.

Cependant, des nuages remplissent la prison de la jeune Agnès, un ange descend du ciel, lui apparaît, et lui présente la palme et la couronne du martyre ; elle l'entend, l'écoute, et pourtant son expression est celle de l'incertitude. Sa jeunesse, ses cheveux épars, la tunique blanche nuancée de violet qui la couvre, sont d'accord avec son maintien modeste et son air de candeur ; ses mains à demi ouvertes ajoutent à l'expression de son visage, et si vous remarquez la parfaite intelligence du coloris de ce tableau, vous aurez une idée du talent de ce grand peintre, dont les plus beaux ouvrages se voient encore aujourd'hui à Séville, dans le cloître du couvent de Saint-François.

32. Tête d'étude représentant un Ange vêtu de blanc, dans l'adoration, et tenant un lis dans les mains.

33. Autre tête d'étude : il serait difficile de mieux exprimer l'attention de cette jeune fille qui lit dans un livre. Admirez, dans ces deux têtes, les effets de la lumière, et la touche facile de Murillo. Vous observerez que les tableaux de ce peintre sont très rares. Il mourut à Séville en 1685, à l'âge de soixante-douze ans.

Joseph RIBERA. (École espagnole.)

34. Belle tête d'étude représentant l'apôtre *Saint Paul* s'appuyant sur son épée.

Les ouvrages de Ribera, élève de Carravage, se font reconnaître par des ombres forcées, des lumières vives, et de belles carnations, et aussi par des traits vigoureusement accusés. Ce peintre, né dans le royaume de Valence, en 1589, passa fort jeune en Italie, où il changea plusieurs fois de manière de peindre après avoir été le plus fidèle observateur de celle de son maître. Son génie naturel et son goût pour les sujets terribles et pleins d'horreur, lui ont fait produire quelques grands tableaux qui sont pénibles à voir. Cependant, ayant abandonné ce genre sombre, il a fait des ouvrages de moyenne proportion où il y a de la grâce et du goût. Ne pouvant combattre victorieusement la grande réputation de

Dominiquin, dont il était jaloux et qui florissait en même temps que lui, il se retira à Naples; il y mourut, dit-on, vers 1649, à l'âge de soixante-trois ans.

GENRE FAMILIER.

Les peintres proprement dits d'*histoire* ont traité aussi le genre que l'on appelle *familier*, parce qu'ils peuvent tout peindre, ainsi que nous l'avons déjà exprimé; que le genre familier procède du genre historique, et qu'il est reconnu qu'un bon peintre ne doit emprunter aucun secours étranger pour faire un tableau.

PHILIPPE, DIT LE NAPOLITAIN.

35. Ce petit tableau expressif, d'un coloris vigoureux, représente, dans un fond de paysage, un savetier sur le devant de sa porte, raccommodant la chaussure d'un jeune paysan; celui-ci se chausse avec le soulier que l'on vient de restaurer. La femme du savetier sort de la maison pour quereller son mari, qui rit de tout son cœur. Dans le fond, et sur le second plan de cette scène plaisante, on voit un groupe de cinq gueux déguenillés, qui jouent aux cartes, et plus loin, une jeune fille qui porte un vase sur sa tête. A la manière dont ce tableau est composé, à l'effet qu'il produit, et à la manière dont il

est peint, il est facile de s'apercevoir que Philippe
le Napolitain peignait le genre historique.

Jean MIEL. (École flamande.)

Jean Miel, dont les petits tableaux sont très estimés, est né près d'Anvers en 1599; étant à Rome et
jeune encore, il entra dans l'École d'André Sacchi.
Il fit quelques copies d'après les grands maîtres, et
peignit ensuite plusieurs tableaux pour les églises de
Rome : on admire surtout celui de la galerie de *Monte
Cavallo*, où il a représenté *Moïse frappant le rocher.*
Un grand peintre sait se plier à tous les genres,
et il arrive souvent qu'un homme habile dans le
genre qu'il a d'abord suivi, par un goût dominant
que lui inspire son génie, change inopinément de
manière de faire : c'est ce qui est arrivé à Jean Miel.
Malgré ses talens pour l'histoire, et ses nombreux
succès, il se mit à son chevalet avec des idées plus
riantes, et produisit un nombre considérable de petits tableaux dans le genre grotesque et familier qui
lui firent autant d'honneur que ses beaux ouvrages
historiques. Le délicieux tableau de ce maître que
nous possédons en est un exemple.
36. A l'entrée d'un cabaret de village, placé
au bord d'une route, et sur le devant d'un fond de
paysage, on voit une halte de paysans voyageurs
qui ont mis pied à terre pour se désaltérer. Plus
loin et au-delà du tertre, deux voyageurs à cheval

s'éloignent du lieu où se passe cette jolie scène champêtre.

Maintenant, si vous jugez le tableau de Jean Miel, vous reconnaîtrez le peintre d'histoire dans l'agencement de la composition ; vous verrez un coloris fin et précieux, un ciel qu'il a peint clair pour faire valoir les couleurs vigoureuses et transparentes des personnages qui occupent le devant de la scène ; vous admirerez la fraîcheur des tons ; vous ne négligerez pas le cheval blanc qu'il a opposé à un âne brun chargé d'une draperie rouge, que l'on peut regarder comme la clef de l'harmonie générale de ce charmant tableau ; vous ne serez pas moins enchanté des poses naïves et de l'expression naturelle des personnages.

Jean Miel, comblé d'honneurs, mourut à Turin en 1664, à l'âge de soixante-cinq ans, laissant après lui la réputation d'un grand peintre.

Cornelis BEGYN ou BÉGA.

(École hollandaise.)

Cornelis Begyn, né à Harlem de Pierre Begyn, sculpteur distingué de cette ville, fut le plus habile des élèves d'Adrien Ostade, dont il imita la manière. Son genre était de représenter des assemblées de paysans, des conversations, des fêtes de village, et d'autres sujets semblables. Il mourut de la peste à

Harlem, le 27 août 1664, dans la force de son âge :
on ignore l'époque de sa naissance.

37. Le tableau de Begyn que nous possédons
est un des plus finis de ce maître ; il représente une
Fête villageoise composée de vingt-neuf figures.
Au centre de ce tableau, on voit une table et des
bancs de bois placés devant une chaumière de paysan : elle est entourée d'arbres et de feuillage. Dix
personnages dans diverses postures et attitudes sont
placés autour de cette table. Une femme de la bande,
vêtue de blanc, debout et tenant à la main un verre,
chante et montre un commencement d'ivresse ; la
gaîté se peint sur son visage, elle rit de voir son
mari que la chaleur du vin a mis à ses pieds, ne
pouvant plus se soutenir sur ses jambes. D'autres
individus, hommes et femmes, se livrent à la joie.
Au bout et près de la table, un jeune garçon en
veste grise et vêtement brun danse avec une jeune
fille vêtue d'un corset brun et d'un cotillon rouge.
Voyez la pose du danseur, qui, malgré sa naïveté,
n'est pas dénuée de grâce ; celle de la danseuse, plus
naïve encore, indique la timidité de l'innocence villageoise. D'autres paysans forment aussi divers groupes autour de la chaumière, soit en dansant ou en
gesticulant. Dans le coin, à gauche, se trouve le cabaret et un homme endormi.

Une butte verte et une tour qui s'élèvent à peu
de distance de la chaumière forment le fond de ce
charmant tableau, dont vous remarquerez la variété

des expressions, soit du geste ou du visage, ainsi que la finesse du coloris. Begyn n'a pas surpassé son maître, mais il l'a quelquefois égalé; il observait scrupuleusement la nature; il règne une gaîté franche dans ses compositions, dont les sujets sont toujours pris dans la basse classe de la société.

GENRE DIT LE PORTRAIT.

Nous sommes convenus qu'en bonne théorie on n'admettait aucune distinction dans l'art de peindre, parce qu'un peintre doit tout imiter. Dans les beaux temps de l'art, le même artiste peignait indistinctement l'histoire, les scènes familières, le portrait, le paysage, les fleurs, les fruits, etc. L'histoire des peintres nous en fournit la preuve à chaque page. Ici, ce n'est point un peintre d'histoire ou de portrait qui a peint celui que nous allons décrire, mais un peintre de paysage et d'animaux qui ne s'est jamais occupé du genre historique, et qui cependant a fait un chef-d'œuvre.

ALBERT CUYP. (ÉCOLE HOLLANDAISE.)

38. Beau portrait peint sur bois et de grandeur naturelle, représentant un ministre de l'Église réformée. Il est vêtu de noir, vu à mi-corps, et figuré assis dans un fauteuil, devant une table cou-

verte d'un tapis de Turquie. De la main gauche, il tient un livre ouvert dans lequel il lit, et de la droite une paire de lunettes. On admire l'attitude simple du personnage, la vérité des chairs et l'harmonie générale du coloris. C'est un de ces tableaux rares qui méritent l'attention des connaisseurs : il est signé par son auteur, A. B. Cuyp, 1590.

Michel MIRVELT. (École flamande.)

39. Mirvelt, né à Delft en 1568, fut le meilleur élève de Blocklandt, et le plus habile peintre de portraits de son temps. Celui que nous possédons est un des plus beaux qu'il ait jamais faits. On croit qu'il représente la belle princesse de Nassau, femme du grand capitaine Maurice de Nassau, prince d'Orange, gouverneur des Pays-Bas. « La vie de ce stathouder, dit l'abbé Raynal, fut une chaîne rarement interrompue, de combats, de siéges, de victoires ; il possédait la guerre en grand maître et la fit toujours en héros, etc. » On lui reproche la mort du républicain Barneveld, qui s'était opposé à ses vues sur la souveraineté de la Hollande : il lui fit trancher la tête en 1619. Maurice de Nassau mourut de douleur, en 1625, à l'âge de cinquante-cinq ans, de voir l'Espagnol Spinola maître de Breda, après en avoir fait le siége pendant six mois.

Le portrait que nous avons sous les yeux est d'une beauté rare, d'un coloris suave, fin et éclatant ; ce n'est plus de la peinture, on voit le sang circuler sous la peau, et on ne peut en comparer la perfection qu'à ceux de Rubens, auquel quelques connaisseurs l'ont attribué. Vous ne négligerez pas la beauté des yeux, la touche fine qui dessine les paupières, la jolie forme de la bouche et le coloris rosé des lèvres, et encore la délicatesse du nez. Remarquez la perfection de cette robe de satin blanc avec ses manches plissées régulièrement, de cette jupe de soie noire moirée, et de ce manteau de la même couleur, d'une autre étoffe. Voyez la légèreté des cheveux, celle de la fraise de gaze qui tourne autour du cou, et aussi le fini précieux des bracelets et des bagues en perles et en diamans que porte cette dame.

Mirvelt commença par étudier l'art de la gravure chez Michel-Jérôme Wierinx, fort bon graveur; à l'âge de douze ans, il avait déjà mis au jour des planches de sa composition qui annonçaient les plus grandes dispositions. Jeune encore, Mirvelt abandonna le burin pour le pinceau; il reçut des leçons d'Antoine Blocklandt, d'un talent distingué; après avoir produit de fort bons tableaux d'histoire, il s'adonna particulièrement à peindre le portrait, et devint le plus habile peintre du genre qu'il avait adopté. Il passa quelque temps à La Haye pour peindre les princes et princesses de la maison de Nassau. Ceux qui ont écrit la vie de Mirvelt font monter à plus de dix mille le nombre des portraits qu'il a peints : il réussissait surtout dans ceux de femmes.

Ce grand peintre mourut dans sa ville natale, à l'âge de soixante-treize ans, en 1641.

Martin FREMINET. (École française.)

40. Portrait peint sur bois, d'une jeune personne inconnue; elle est vêtue d'un corset rouge ajusté, orné de perles et bordé d'or.

Martin Fréminet, né à Paris en 1567, fut un peintre d'histoire fort distingué; il florissait sous Henri IV, qui le choisit pour son premier peintre, et lui donna à peindre la chapelle de Fontainebleau, où il fit seize grands tableaux carrés et vingt-deux ovales, des cariatides et d'autres ornemens. Dans ces productions savantes, on admire des compositions ingénieuses, un dessin vigoureux et un beau coloris. Louis XIII, sous lequel il acheva ce grand ouvrage, le nomma chevalier de l'ordre de Saint-Michel, ordre que ce roi consacra spécialement aux savans et aux artistes. Il mourut à Fontainebleau en 1619, à l'âge de cinquante-deux ans; son corps fut porté à l'abbaye de Barbeau, où on lui éleva un tombeau.

***

PAYSAGE ET ANIMAUX.

Pour se conformer aux règles et au style du paysage, le peintre doit représenter la nature dans toute sa simplicité, telle qu'elle s'offre à ses yeux.

Voyez les ouvrages que nous possédons de Ruisdaal, de Van Velde, de Moucheron, de Claude Lorrain, etc. Sur toutes choses, le ciel doit être particulièrement étudié par le peintre, parce que c'est lui
qui colore la nature ; ainsi, il l'observera d'abord le matin, avant et après le lever du soleil, ensuite à l'heure
de midi, puis au soleil couchant, et enfin après qu'il
a disparu de l'horison. Il ne négligera pas non plus
les temps de brouillard et de neige, et les nuits éclai-
rées par la lune. Il est inutile sans doute de faire
observer que la couleur du ciel varie suivant la tem-
pérature du lieu où le peintre transporte le spectateur. Voyez le ciel d'Italie, dans le Moucheron et le
Claude Lorrain, et celui de la Hollande dans les
Ruisdaal, le Carée et le Van Velde.

Les arbres seront étudiés avec le plus grand soin ;
le peintre saisira leur allure particulière, la différence de leur développement, l'âge qu'ils ont, la nature de leur écorce et la physionomie respective de
leur feuillage. Il faut que, du premier coup d'œil,
on voie que c'est un chêne, un orme, un érable,
un marronnier, un châtaignier, un accacia, un syco-
more, un platane, un peuplier, un saule, un pin,
un cèdre du Liban ou de Virginie ; enfin, tout autre arbre indigène ou étranger, qui, par une couleur ou une touche spécifique, puisse être immédiatement reconnu.

Quant aux fabriques qui appartiennent au style
du paysage champêtre, c'est au peintre à les choisir

parmi ses études pittoresques. Les eaux auront aussi
un ton particulier, parce que celui d'une mare
bourbeuse n'est pas celui d'un ruisseau limpide et
courant, d'une fontaine ou d'un fleuve. Ruisdaal,
comme le prouvent les deux tableaux que nous possédons de ce grand maître, excellait dans les conditions que l'on exige du peintre de paysage. Il
ajoutait un grand éclat à la vérité de la nature, par
des oppositions de lumière bien contrastées. S'il
peint la vue d'un hameau, il se place à la partie la
plus isolée, c'est-à-dire devant une vieille masure
de paysan située entre une masse d'arbres touffus
et une mare : son coloris, alors, est exalté, son
faire hardi et plein de feu.

Quel autre genre de beautés n'admirerez-vous pas
dans les peintures de Claude Lorrain, célèbre dans
le paysage pastoral!.... Dans celui que nous possédons, n° 48, voyez la belle nature se déployer
à vos yeux ; ces lointains qui se fondent avec le ciel
faiblement éclairé par le soleil couchant. Sur le devant
du tableau, ce grand peintre a représenté le jugement de Midas ; une vue des environs de Rome lui a
fourni le site grandiose, calme et sévère dont il avait
besoin. Claude Lorrain a peint tous les effets possibles
de la lumière, soit réfléchie dans les eaux, soit produite par la couleur du ciel. Il a parfaitement exprimé toutes les nuances accidentelles ou stationnaires
du jour ; au besoin, son coloris est chaud, frais ou
vaporeux. Son pinceau vrai, brillant et harmonieux,

a su animer l'air, la terre et les eaux ; jamais il n'a craint de placer et de peindre le soleil au milieu de son tableau, et d'en répandre la lumière sur la totalité. Notre Carée, n° 44, nous présente un matin de printemps, et notre Van Velde, n° 43, une soirée d'automne, si on se place à l'entrée d'une forêt.

Jacob RUISDAAL. (École hollandaise.)

41 et **42**. Les deux tableaux peints sur bois, de Ruisdaal, que nous possédons, sont au nombre des plus précieux qui soient sortis des pinceaux de ce maître : ils sont de même grandeur, et représentent l'un une entrée de forêt, et l'autre l'extrémité de cette même forêt.

Ce peintre, dont on ignore l'époque de la naissance, est né à Harlem ; il commença par étudier la médecine et la chirurgie ; dominé par un goût naturel qui le poursuivait, il abandonna l'étude de ces deux sciences pour cultiver exclusivement la peinture. Ruisdaal a peint avec un égal succès le paysage et la marine ; il s'adonna plus particulièrement au paysage champêtre, et devint le plus habile peintre de son siècle.

Les deux chefs-d'œuvre que nous avons à décrire peuvent servir de modèles aux peintres qui s'occupent du même genre. S'ils les examinent avec attention, ils verront avec quel art ce grand maître a rendus intéressans, par des effets hardis et certains, les deux points de vue qu'il a peints. Admirez principalement les chênes, dont la grosseur des troncs et le déploiement des branches annoncent une antiquité qui semblerait remonter aux temps où cet arbre magnifique, consacré au dieu *Tarannis*, recevait les sacrifices des druides et les hommages des Gaulois; voyez la variété du feuillage, la force et la vigueur de celui qui est placé à droite dans le tableau n° 41, et à gauche dans celui numéroté 42; voyez ensuite la légèreté des tiges, des branches et des feuilles, qui, placées dans les fonds de chaque tableau, se détachent sur un ciel clair et lumineux, ingénieusement choisi pour fournir aux premiers plans une demi-teinte, suivant le système que Paul Véronèse et Rubens avaient adopté.

Ici vous observerez que Ruisdaal, en copiant la nature, a parfaitement imité le coloris brillant, la touche spirituelle et animée que l'on trouve dans les paysages de Rubens. En voyant ces admirables tableaux, vous ne négligerez pas de jeter un coup d'œil sur les vaches et les troupeaux de moutons, qui sont d'une vérité telle que l'on croit entendre le mugissement des unes et le bêlement des autres; celles surtout du n° 42, qui traversent une mare accompagnées de quelques moutons et d'une chèvre noire, sont admirables pour la vérité du dessin et du coloris. Dans le tableau numéroté 41, les mêmes animaux, le pâtre endormi au bord d'un tertre, et celui qui veille présentent autant de perfection.

Maintenant si vous examinez les lointains de nos

deux tableaux, vous comprendrez qu'ils sont aussi une partie essentielle du paysage : les fuites adroitement prolongées et les lignes simples qui forment les fonds en font le charme. Une route tortueuse, qui s'enfonce graduellement entre deux tertres prononcés ; des terrains éclairés par le soleil ou privés de sa lumière, ainsi que la mousse, les brins d'herbe qui les couvrent, y sont parfaitement rendus. Les ouvrages de Ruisdaal prouvent qu'en général le coloris vrai, ménagé ou vigoureux des terrains, contribue à la dégradation et à l'enfoncement du paysage que l'on a peint ; qu'ils produisent plus ou moins d'effet, en raison de la forme, du clair-obscur, qui les distinguent des plans et aussi des autres parties du tableau. Enfin le coloris de ce grand peintre est fortement prononcé ; sa touche est vigoureuse et franche ; il a surpassé non seulement ses contemporains, mais encore ceux qui l'avaient précédé. Les tableaux de la force de ceux que nous possédons sont rares, en ce que la mort vint arrêter le cours des succès de Ruisdaal, qui mourut dans la force de l'âge, en 1681 ; ils sont signés de sa main, de 1645 ; d'ailleurs la plupart de ses ouvrages étant passés en Angleterre et en Allemagne, il en reste fort peu en France. (1)

---

(1) Les deux tableaux de Ruisdaal que nous possédons ont été achetés en Hollande par un amateur français qui, en les apportant à Paris, a enrichi la capitale de deux chefs-d'œuvre de plus. En effet, ils sont préférables à celui du Musée connu sous le nom de *Coup de vent.*

Adrien **VAN VELDE**. (École hollandaise.)

Van Velde, fils de Guillaume Van Velde, dit *le Vieux*, très habile peintre de marine, fut l'un des peintres les plus célèbres de son temps : né à Amsterdam en 1639, élève de Winants, il a peint le paysage et la marine avec succès. Van Velde fut choisi par Winants et Vander Heyden pour orner leurs tableaux de figures et d'animaux, dans lesquels il excellait, et qu'il savait placer avec beaucoup d'adresse. Cette occupation continuelle, jointe à la brièveté de sa carrière, a rendu ses tableaux fort rares. La délicatesse et la légèreté de sa touche, sa couleur fraîche et vigoureuse, font regretter que ses tableaux n'aient pas été plus nombreux, et qu'il ait si tôt fini sa carrière : il mourut à l'âge de trente-trois ans, en 1672.

43. Le tableau d'Adrien Van Velde que nous possédons représente une entrée de forêt, prise dans les environs d'Amsterdam. On voit un groupe de plusieurs chênes; un, plus élevé, étend ses rameaux au-dessus des autres. On remarque encore des arbres de la même espèce, d'une forme élégante, qui contrastent très bien avec le groupe du premier plan; puis un pont de bois : ce pont, monté sur de simples piliers, établit la communication de la forêt avec le village voisin, qui en est séparé par une rivière. Par ce délicieux tableau,

Van Velde a rendu avec art un matin d'automne; il a parfaitement exprimé ce qui se voit dans un bois après la chute du brouillard, un peu avant l'apparition du soleil. Vous admirerez la délicatesse et la légèreté de la touche, le ton argentin du village et de son clocher, que l'on aperçoit dans le lointain; celui de la vapeur adroitement ménagée sur les arbres du fond, qui se lient à la forêt, et principalement cette demi-teinte qui s'étend sur une partie de la rivière, ainsi que sur le pont, où se trouve un paysan, une vache brune et une chèvre noire. Une partie de la rivière reçoit une lumière vive du nuage clair qui passe dans le ciel encore chargé des vapeurs du matin. Cet accident heureux produit un grand effet.

Michel CARÉE. (École hollandaise.)

44. Le coloris des tableaux de Michel Carée est toujours suave, argentin, et l'effet général vigoureux sans être noir. Celui que nous avons sous les yeux nous en fournit la preuve. Il représente des troupeaux de vaches, de moutons et de chèvres, passant dans une vallée à l'entrée d'un bois. A la droite du spectateur, on voit un groupe d'arbres qui se lie à un vase et à une colonne tronquée, faible reste d'un monument d'architecture antique. A gauche, sur le troisième plan, se trouve un rocher et un lac qui se prolongent jusqu'au terrain

du premier plan. Des troupeaux avec leurs pasteurs passent à gué une portion du lac, qui se rétrécit en traversant la vallée. Dans le fond on aperçoit des montagnes et un ciel chargé de nuages vaporeux ; il indique le coucher du soleil, l'heure de la retraite du berger et des troupeaux.

Ce beau tableau est signé de la main de Carée. Remarquez la touche légère du feuillage des arbres ; voyez aussi la perfection du dessin des animaux ; ils sont rendus avec autant de finesse que de vérité, et sans avoir le mérite de ceux de Paul Potter, ils sont peints hardiment et d'une manière franche. Ne négligez pas non plus d'observer dans les ouvrages soignés de Michel Carée l'intelligence du clair-obscur et le choix des sites. Ainsi vous trouverez dans l'ensemble de notre tableau le charme de ceux de Winants réuni à la douce harmonie que nous admirons dans les ouvrages de Karel Dujardin.

Frédéric-Isaac MOUCHERON et Karel DUJARDIN. (École hollandaise.)

45. Charmant paysage représentant une vue de la cascade *del Marmore*, à Terni, dans les environs de Rome.

La principale partie de ce tableau rare et précieux se compose de rochers, de cascades, de montagnes garnies de verdure, et d'un beau ciel qui peint la fraîcheur du matin et annonce un beau jour. Sur le devant se trouve un rocher, deux arbres chargés d'un léger feuillage, et plusieurs figures bien ajustées et agréablement peintes : placées au bord de l'espèce de torrent que produit la chute des deux cascades qui se précipitent du rocher principal, elles donnent la vie à ce beau site pittoresque. Ce tableau, l'un des plus considérables de ce maître, est digne des plus riches collections.

Admirez aussi la composition du groupe de figures peintes par Karel Dujardin, l'ami de Moucheron, qui sont parfaitement dessinées, ajustées avec goût, et d'un coloris parfait; elles seules formeraient un petit tableau très agréable.

Isaac Moucheron, né à Amsterdam en 1633, n'a pas eu d'autre maître que son père, qu'il surpassa, quoique celui-ci fût considéré comme un bon peintre. Moucheron s'étant fixé à Rome, où il se rendit avant d'avoir complétement terminé ses études, il s'établit à Tivoli, pour être plus à même de parcourir ses environs, et les peindre d'après nature. En général on admire la fraîcheur de son coloris et la finesse de son pinceau. Il mourut en 1686.

Karel Dujardin, né en Hollande en 1635, fut élève de Paul Potter selon les uns, et de Nicolas Berghem selon d'autres. Étant en Italie, il s'appliqua à traiter des sujets de l'histoire sainte; mais son génie et son goût étant plus portés vers les sujets agréables et plaisans, il peignit les marchés de Rome et de ses environs, avec des charlatans et des opérateurs; il peignit aussi des voleurs attaquant les passans et arrêtant les voitures publiques. Les tableaux de Karel Dujardin sont très recherchés et rares : ayant traité le genre historique, ils sont toujours bien composés, d'un coloris suave et vigoureux. Il mourut à Venise, dans la force de son âge, en 1678.

L. FIELING. (ÉCOLE ALLEMANDE.)

Deux grands paysages sur toile, avec figures et animaux. Dans ces deux tableaux intéressans, on ne trouve point l'enthousiasme et le charme de nos peintures hollandaises ; c'est la nature servilement copiée, le peintre n'a pas donné une touche sans l'avoir consultée ; en un mot il l'a prise sur le fait. Le feuillé des arbres, le coloris, le dessin et le mouvement des animaux, tout est positif.

46. Dans un fort joli fond composé de montagnes, de fabriques, de rochers, de verdure, et éclairé par un ciel frais, on voit des vaches, des moutons et des chèvres qui paissent sur un terrain borné par un lac. Sur le devant du tableau, une bergère, occupée à filer, est assise auprès de son troupeau, dont elle a confié la surveillance à son chien. Plus loin, à l'autre bord du lac, on aperçoit deux pâtres qui conduisent un second troupeau.

47. Ici, c'est une vaste prairie placée à l'entrée d'une forêt qui fait la pointe au centre de cette

même prairie ; des animaux qui paissent et un fond très vaste bordé par des montagnes. Sur le devant du tableau se trouve un lac au milieu duquel est une vache jaune et blanche ; sur le bord du tertre, qui n'est pas loin de ce premier groupe, une vache grise, adroitement placée, sert de repoussoir aux autres. Une quatrième vache couchée, une chèvre qui boit et cinq moutons composent la totalité de ce premier troupeau : plus loin, on aperçoit le second. Le berger, assis sur un tertre, se lave les pieds, et le repos du chien indique le calme parfait du lieu où se passe cette scène champêtre.

Claude GELÉE, dit LE LORRAIN (École française), et Philippe LAURI (École italienne).

Claude Gelée, plus connu sous le nom de *Claude Lorrain*, né en 1600, dans le diocèse de Toul en Lorraine, est un de ces hommes extraordinaires qui se forment d'eux-mêmes dans la carrière qu'ils ont entreprise. Sa jeunesse fut indolente ; il n'eut que la nature pour maître ; elle seule lui enseigna l'art de peindre le paysage, pour lequel il semble avoir été créé. Ce grand peintre ne devint réellement habile que par de longues et bonnes études qu'il fit à Rome, où il passa sa vie entière. Il a fait des marines et des fêtes de village ; mais il excellait dans le paysage pastoral.

48. Nous avons un exemple du beau talent de Claude Lorrain dans le seul tableau que nous possédons; il représente une vue d'Italie prise au soleil couchant. On voit un lac entouré d'un rocher, dont la verdure annonce la plus riche végétation, et des montagnes dans le fond. Au bas de la montagne du second plan, à la droite du spectateur, se trouve une crêche antique et des pasteurs qui mènent boire leurs troupeaux ; des bestiaux qui précèdent ceux-ci sont déjà entrés dans le lac. A gauche, sur un tertre élevé garni de verdures de toutes les espèces, et sur le dernier plan, se dessinent plusieurs arbres touffus formant un groupe considérable qui s'élève à une hauteur prodigieuse.

Sur le devant du tableau se passe une scène intéressante de la fable, composée et exécutée par Philippe Lauri. On voit un groupe de quatre figures, représentant le jugement de Midas. Apollon debout, tenant son luth, est placé devant Midas ; près de lui le peintre a personnifié le fleuve qui arrose le beau lieu où se passe la scène. On aperçoit ensuite Marsyas aux pieds fourchus, tenant dans ses mains sa flûte aux sept tuyaux ; il est assis sur un tertre auprès de Midas.

Comme on le voit par ce tableau, Claude Lorrain a peint tous les effets possibles de la lumière réfléchie dans les eaux, ou produite par la couleur du ciel même. Ici, c'est l'effet que produit le soleil immédiatement après qu'il est passé au-dessous de

l'horison ; la nature alors semble couverte d'un
voile léger et transparent tirant sur le jaune, qui
produit l'effet d'une demi-teinte. Comme nous l'avons
déjà fait pressentir, ce peintre inimitable a parfaitement rendu sur la toile toutes les nuances fixes et
accidentelles du jour. Au besoin, son coloris est
chaud, frais ou vaporeux ; son pinceau vrai, brillant
et harmonieux n'est jamais hasardé.

Si, enfin, j'examine les beaux ouvrages de Claude
Lorrain, je veux dire ceux du Musée, et particulièrement celui de notre Collection, j'ajouterai à ma
première observation sur l'art de peindre le paysage,
que la mémoire, l'imagination, l'attention, et surtout la comparaison, sont absolument nécessaires
au peintre s'il veut bien rendre la nature : j'en vais
donner un exemple.

Frappé par l'aspect d'une vaste prairie, je suis
forcé d'en reconnaître la verdure et l'étendue ; mais
si ma volonté me détermine à l'examiner en détail,
je la parcours, et je distingue bientôt, outre la verdure, les fleurs dont elle est émaillée ; si je veux
la connaître encore mieux, je compare entre elles
les différentes plantes dont elle se compose ; et quoique l'herbe y soit partout de la même couleur, si je
compare entre elles les tiges, les feuilles de chaque plante, je reconnais qu'elles sont d'espèces différentes : ces observations se gravent dans ma mémoire, et, soit que j'aie ou non la prairie sous les
yeux, je puis, en combinant les différentes données

que l'attention et la comparaison fournissent à ma mémoire, et celle-ci à mon imagination, faire, sur cette prairie, tous les raisonnemens qui résultent directement de ces données.

Si, ensuite, je m'abandonne à mon imagination, je pourrai, en faisant abstraction de cette prairie, conclure de cette grande quantité d'herbes et de fleurs diverses qui la couvrent, que la nature est infiniment variée dans ses productions. J'en conclurais encore que les études qu'un peintre doit faire sont extrêmement étendues; car, après avoir examiné la prairie comme je l'ai fait, je puis la peindre à ma volonté. Il en sera ainsi de toutes les parties qui concourent à former non seulement l'ensemble d'un paysage historique, pastoral ou champêtre, mais aussi de toute espèce de tableau. Ces observations que m'ont inspirées les belles productions de Claude Lorrain, lui sont particulièrement applicables, car il ne donnait jamais un coup de pinceau, et ses tableaux le prouvent, sans avoir scrupuleusement examiné la nature et sans avoir mûrement réfléchi sur ce qu'elle lui présentait. Ce grand peintre mourut à Rome en 1682.

On allait voir à la Malmaison, dans la galerie de l'impératrice Joséphine, *les Quatre Heures du Jour,* par Claude Lorrain, dont la beauté surpassait toute imagination. Après la mort de cette auguste princesse, ces tableaux sont passés en Russie; l'empereur Alexandre les a acquis de ses héritiers. L'Angleterre possède aujourd'hui la majeure partie des tableaux de Claude Lorrain , où ils sont traduits avec beaucoup de talent par les plus habiles graveurs de Londres. La grande quantité d'épreuves qu'ils en tirent est l'objet d'une spéculation commerciale très avantageuse aux artistes et au gouvernement.

Joseph VERNET. (École française.)

Deux tableaux peints sur toile, représentant un calme et une tempête.

Le génie de Joseph Vernet a ouvert aux peintres une nouvelle carrière dans le genre qu'il a pour ainsi dire créé. Avant lui les peintres de marine flamands ou hollandais étaient regardés comme des maîtres fort habiles, aujourd'hui les peintres français qui peignent le même genre les ont surpassés , parce que les productions de Vernet les ont guidés dans la route qu'ils avaient à suivre. Il ne donnait rien au hasard, tout dans ses tableaux est positif, pris dans la nature, et le plus petit détail est peint avec vérité et précision.

Personne n'a peint avec plus de chaleur et de vérité que Vernet le calme et la tempête , les agitations de la mer et les reflets de la lumière sur une onde tranquille ; il a donné une expression si vraie aux horreurs que présente la mer en courroux , qu'il identifie le spectateur avec la position où il s'est trouvé lui-même , lorsqu'au milieu d'une tempête effroyable il se fit attacher au mât du vaisseau pour en admirer les terribles effets. S'il peint des naufrages il touche votre âme par des scènes pathétiques et douloureuses, et aussi par l'accent de son coloris et la touche savante de son pinceau.

49. Près d'un port, que son phare annonce aux voyageurs, et qui est soutenu par une roche qui s'avance dans la mer, et dont la sommité se perd au-dessus des nuages, nous voyons un orage se former. Le ciel s'est complétement obscurci et la pluie tombe de tous les côtés ; quelques alcyons volent et tournent autour du rocher. Déjà la mer est soulevée, ses flots grossis se roulent en écume et se brisent contre une roche qui se trouve à peu de distance du port. Dans le lointain et en pleine mer on aperçoit un navire agité par le vent : on n'est pas sans inquiétude pour l'équipage. Sur le premier plan du tableau se trouve une barque qui a chaviré ; et sur la plage cinq matelots qui l'ont amarrée, et qui emploient toutes leurs forces pour l'amener sur le terrain où ils sont. Dans le fond, et sur un ciel orageux, se détachent des montagnes, des rochers et quelques fabriques.

Si, au contraire, Vernet peint le calme de la mer, la scène et le coloris du tableau changent, la tranquillité parfaite prend la place de l'agitation. Chaque passager fournit à l'expression du tableau par une attitude paisible, et le matelot se livre sans crainte au service ordinaire du vaisseau ; c'est ce que représente le second tableau de Vernet qui fait partie de notre collection.

5o.   Autre port de mer, que l'on croit être une vue prise dans le royaume de Naples, comme semblerait l'indiquer une belle ruine antique qui s'élève sur les bords d'une jetée. La mer est dans un calme parfait. A la gauche du spectateur, et en pleine mer, est un vaisseau pavoisé aux armes de Malte ; il est immobile et ses voiles sont fermées. Au côté opposé on voit une gondole avec un pavillon couvert ; le gondolier la dirige vers un tertre où se trouve une compagnie de quatre personnes distinguées qui se disposent à faire une promenade sur l'eau.

Le premier plan du tableau se compose de plusieurs groupes de gens du peuple qui sont appuyés sur des marchandises, et plus loin, d'un jeune homme vêtu de blanc : il regarde avec attention un pêcheur qui retire son filet de l'eau. Ces tableaux, peints en Italie, nous paraissent être deux grandes études faites d'après nature ; elles sont d'un coloris vigoureux et d'une exécution facile. Vernet, en employant des toiles rouges pour les peindre, n'en connaissait pas encore les inconvéniens.

PEINTRES D'ANIMAUX.

L'art de peindre et d'exprimer les passions des animaux appartient plus au peintre d'histoire qu'à tout autre, aussi ce genre a-t-il été rarement pratiqué isolément. Quel peintre autre que Rubens a mieux rendu l'expression forte et variée des animaux féroces, soit dans le calme, soit dans la fureur! Sneyders et Paul Potter, que l'on regarde comme les plus habiles peintres de ce genre, ne peignaient point l'histoire; et quoique leurs tableaux soient parfaits, ils manquent de cette âme, de ce feu divin qui conduit au sublime, et de cette science parfaite que le peintre acquiert par les études approfondies que nécessite le genre historique. Le seul tableau d'animaux que nous possédons confirme ce que nous disons.

ONDERT‑COQ'S. (École hollandaise.)

51. Tableau peint sur bois, représentant des oiseaux de basse‑cour, c'est‑à‑dire un coq, une poule avec ses petits, et une canne avec ses cannetons. On est forcé d'admirer, dans ce tableau, la vérité de ces animaux, l'expression particulière de chaque espèce, la beauté du coloris et l'habileté du pinceau.

Il ne faut pas confondre Ondert‑Coq's, sur lequel on a peu de renseignemens, avec le célèbre peintre Gonsales Coqu'es, né en 1618, et que l'on surnomma le *Petit Van Dyck;* il mourut en 1686.

PEINTRES D'ARCHITECTURE.

L'architecture a fourni aux peintres les moyens d'exercer leurs talens. Elle enrichit le tableau d'histoire ; elle sert à caractériser le lieu où se passe la scène que le peintre a représentée. Quelques peintres italiens et français se sont particulièrement adonnés à l'imitation des édifices de l'antiquité, des châteaux, des palais et des églises modernes ; mais les peintres flamands et hollandais les ont surpassés par une imitation parfaite et une grande vérité dans le coloris.

PETERS NÉEF. (ECOLE FLAMANDE.)

52. Vue intérieure de l'église Sainte-Gudule de Bruxelles, l'une des plus vastes de la Flandre, tableau peint sur bois. Cette église est consacrée au culte romain, comme on le voit par les peintures qui la décorent, et par un prêtre qui dit la messe à une chapelle que l'on aperçoit dans le lointain ; sa profondeur est immense : elle étonne par la vérité de l'effet qu'elle produit. Notre célèbre peintre Louis David, qui mourut à Bruxelles pendant son exil, a été enterré dans cette église avec la pompe qui était due à son grand talent.

Né à Anvers en 1580, Pierre ou Peters Néef fit une étude particulière de l'architecture et de la perspective, ainsi que le démontre notre tableau. Il peignit avec soin et précision l'intérieur des églises construites dans le goût mauresque que nous nommons *gothique*. On ne peut se lasser d'admirer dans notre tableau les proportions exactes de la perspective linéaire. On admire surtout la précision de l'éloignement, qui est rendu par l'effet que produit un coloris magique et bien entendu : l'illusion est complète.

Remarquez ces courbes élevées à perte de vue sur de nombreuses arcades en ogive, établies sur d'autres arcades qui séparent les bas côtés de la nef. Voyez aussi les colonnes multipliées qui montent jusqu'au sommet de la voûte, comme autant de faisceaux réunis pour la soutenir. L'extrême légèreté de ces constructions hardies du moyen âge étonne le spectateur, et lui inspire une pieuse admiration.

Enfin, quand on voit le tableau de Peters Néef que nous possédons, on est surpris, sans pouvoir s'en rendre compte, de l'art prodigieux avec lequel il a distribué la lumière et placé les ombres pour produire une aussi grande illusion. Quoique sa manière de peindre soit d'un fini extraordinaire, elle n'est ni dure ni sèche, et cependant les contours sont sévèrement observés. Van Thulden, élève de Rubens, avec lequel il était lié d'amitié, peignait ordinairement les figures de ses tableaux ; quelquefois aussi, il les faisait peindre par David Teniers :

celles que nous avons sous les yeux sont de François Franck, qui a imité la touche fine et spirituelle
du précédent.

PEINTRES DE FLEURS.

Quoique l'on classe l'imitation des fleurs au rang
de la peinture des objets inanimés, l'homme de génie placé devant son modèle aperçoit dans la forme
et dans le coloris cette expression puissante qui
anime tout ce que le Créateur de l'univers a fait.
Image du printemps, les fleurs désignent l'amour
et l'amitié ; à l'automne, symbole de la brièveté de
la vie, elles servent de parure aux tombeaux de
ceux que l'on a tendrement aimés. Suivant les poètes
de la célèbre antiquité, les fleurs naissent sous les
pas des Grâces ; elles embellissent la toilette de Vénus, et c'est en ouvrant les portes du jour que l'Aurore les répand sur l'univers.

Voilà bien des motifs pour que le peintre d'histoire peigne les fleurs avec la perfection qu'il doit
mettre dans tout ce qu'il peint; aussi ce genre a-t-il
été cultivé particulièrement avec la perfection con-
venable. Le Hollandais Van Huysum passe pour le
plus célèbre peintre de fleurs qui ait jamais existé.

Jean VAN HUYSUM. (École hollandaise.)

53. Tableau sur toile représentant un joli bouquet de fleurs variées, agréablement groupées et contenues dans un vase d'albâtre blanc richement orné, qui est posé sur une table de marbre breché de rouge.

Ce qui caractérise le talent de Van Huysum, c'est la perfection. Né à Amsterdam en 1682, il fut élève de son père, peintre médiocre qui faisait le commerce de tableaux. Il s'adonna d'abord au paysage, genre dans lequel il réussit, et produisit quelques tableaux remarquables, surtout par des figures bien posées, peintes finement, d'un coloris frais, et d'une touche légère; par des ciels brillans, des arbres feuillés avec grâce, et surtout caractérisés dans leurs différentes espèces. La grande réputation qu'il s'était acquise dans ce genre de peinture satisfit peu son ambition; il l'abandonna et s'adonna définitivement à l'étude des fleurs.

Pour les étudier plus sérieusement que les autres peintres ses prédécesseurs, Van Huysum cultivait lui-même des fleurs de toutes les espèces dans son jardin; il épiait les momens de leur croissance et de leur plus grand développement. On l'a surpris plus d'une fois au lever de l'aurore, admirant leur couleur, leur éclat, et la grâce des tiges sur lesquelles elles se balancent; il les cueillait et les

peignait dans leur fraîcheur, souvent même couvertes de la rosée du matin, qu'il copiait parfaitement. Sa réputation s'étant répandue chez les
étrangers, on voulut posséder ses tableaux à tout
prix; alors, ils mirent une valeur excessive à ses
ouvrages.

Le tableau de Van Huysum que nous possédons
est un des plus beaux de ce maître; il est pur et
vierge, suivant le dire des marchands, comme tous
ceux de notre collection. On y admire l'extrême
fraîcheur du coloris, la touche savante et spirituelle
qui distingue chaque individu : la tige et la variété
des formes des espèces qui sont peintes sont tellement frappantes de vérité, que le naturaliste et le
peintre en sont également émerveillés.

Admirez avec nous la légèreté de ce lilas qui se
balance au-dessus d'une belle jacinthe bleu céleste,
et couchée sur une tige blanche de même fleur;
toutes deux s'appuient sur des oreilles d'ours d'un
violet foncé, variées de blanc et de jaune. Une gre-
nade rouge écarlate soutient ces différens tons de
couleur, et motive celle des pivoines foncées qui
forment l'ombre du bouquet, dont la composition
s'élève en forme de pyramide, et cela, à l'aide d'une
belle tulipe jaune tranchée de violet; elle se groupe
à un lys martagon dont la couleur ombrée produit
un grand effet.

Ces fleurs, de l'espèce la plus riche, considérées
comme repoussoir, s'unissent cependant par des

demi-tons fort adroitement ménagés à la partie lumineuse du bouquet, et en déterminent l'harmonie.
Remarquez la variété et la souplesse de ces jolies
roses de diverses espèces, dont le parfum semble
embaumer le lieu où se trouve placé le tableau.
Voyez l'adresse du peintre, qui soutient la lumière
brillante de ces fleurs formant une guirlande que
l'on dirait préparée exprès pour la toilette de Flore,
guirlande soutenue dans sa partie inférieure par
l'oreille d'ours jaune nommée *primula auriculata
floræ*, et aussi par l'anémone bleue, espèce rare,
et par le convolvulus, qui s'unit à la couleur bleue
des œufs contenus dans un nid de rossignol qui se
trouve à gauche et dans le coin du tableau. La finesse
et la vérité de l'exécution de ce nid surprennent
tout le monde. Au côté opposé de ce petit détail,
on voit deux pêches, un melon vert et une grappe
de raisin avec ses feuilles; un limaçon chargé de sa
coquille, placé sur la moulure de la table qui porte
les fleurs et les fruits, essaie à se traîner vers la
grappe de raisin qui est à droite. Ce chef-d'œuvre
est signé de la main de Van Huysum, à la date
de 1691.

Ce grand peintre, qui eut la gloire de recevoir
de son vivant le surnom du *Raphaël des fleurs*,
mourut à Amsterdam en 1749.

Daniel SEGHERS et Henri VAN BALEN.
(École flamande.)

54. Charmant tableau de fleurs, peint sur bois, par Seghers, avec cinq sujets historiques du Nouveau-Testament, et quatre figures accessoires, par Van Balen.

Daniel Seghers, plus connu sous le nom de *Jésuite d'Anvers*, né en 1590, fut élève de Brughel de Velours; il a fait des tableaux d'histoire et des paysages. Il réussissait parfaitement à peindre les lis blancs, les roses rouges, les tiges des fleurs et les fleurs mêmes, les feuilles minces et légères : sa couleur est riche et transparente. Au nombre de ses plus beaux ouvrages, on cite un tableau de *saint Ignace*, par Rubens, qu'il avait orné, comme celui que nous possédons, d'une guirlande de fleurs et de fruits, autour desquels voltigent quelques jolis papillons. Seghers mourut à Anvers en 1660, à l'âge de soixante-dix ans.

Van Balen, qui a peint les figures de notre tableau, et dont nous admirons la grâce du dessin, la finesse des airs de tête, les attitudes du corps, ainsi que la légèreté du coloris, ajoute à son grand mérite celui d'avoir été le premier maître d'Antoine Van Dyck, et de l'avoir mis en état de suivre les leçons de Rubens, qui l'occupa de suite aux ébauches de ses tableaux. Van Balen, né à Anvers, y mourut en 1632.

Dans le délicieux ouvrage que nous voyons ici, Daniel Seghers a peint toutes les espèces de fleurs que la nature produit. Opposées les unes aux autres avec art par leur ton frais ou vigoureux et toujours vrai, elles forment une guirlande qui se balance agréablement autour de cinq médaillons ovales, peints par Van Balen ; ils représentent des sujets historiques pris dans la vie de la Sainte Vierge, et sont disposés de manière à former une croix. Quatre petits anges, placés parmi les fleurs, soutiennent le poids de la guirlande et paraissent voltiger autour du médaillon principal. Ces jolis petits enfans nous rappellent le coloris de Van Dyck et sa touche délicate.

Le médaillon principal, placé au centre du tableau, fait voir la Vierge assise sur des nuages, tenant l'enfant Jésus sur ses genoux, et aussi quatre anges qui l'accompagnent ; au-dessus de la tête de la Vierge on aperçoit le soleil levant qui se montre au milieu de la rosée céleste. Celui qui est au-dessous représente la sainte Famille à table, disant le *Benedicite*. Dans celui qui est au bas du tableau le peintre a figuré la Vierge en adoration devant l'enfant Jésus au maillot.

Les médaillons placés de chaque côté de celui du centre, représentent l'intérieur du ménage de la Vierge, et on voit l'enfant Jésus qui balaie l'appartement ; et enfin, au côté opposé, la sainte Famille se disposant à fuir en Égypte.

Les angles supérieurs et inférieurs du tableau sont décorés d'un médaillon camaïeu jaune, imitant l'or et figurant des anges qui forment un concert de leurs voix, que chacun accompagne d'un instrument particulier. Le premier joue de la harpe, le second du violon, le troisième de la mandoline, et le quatrième de la flûte. Vous admirerez enfin dans ce tableau les fleurs, les fruits, les insectes ainsi que les figures; elles se disputent la perfection, et vous seriez embarrassé de prononcer s'il vous fallait déclarer quel est le plus habile des deux peintres.

GENRE DÉSIGNÉ SOUS LE NOM DE *NATURE MORTE.*

Le tableau qui nous reste à examiner est du genre de peinture que, dans les temps modernes, on a qualifié de *nature morte,* parce qu'il s'agit de la représentation d'objets inanimés. Si cependant je fais abstraction des divisions ou des genres que l'on distingue dans l'art de peindre, et cela pour m'exprimer à la façon des nomenclateurs modernes, je dirai: le but du peintre est et sera toujours l'imitation de la nature, soit qu'il peigne des hommes, des animaux ou des objets inanimés. Ainsi, vous apprécierez à sa juste valeur le tableau de Jean David de Héem, que nous possédons; je veux dire que vous le considérerez comme un chef-d'œuvre. Semblable à ce fameux peintre grec appelé *Parrhasius,* qui avait peint un rideau que Zeuxis, autre peintre grec, voulut lever, notre peintre hollandais, par l'imitation exacte des formes et la vérité de son coloris, est parvenu à vous tromper vous-même. Il a donc rempli le but que se proposera toujours le plus habile peintre.

JEAN-DAVID DE HÉEM. (ÉCOLE HOLLANDAISE.)

Le peintre célèbre dont il est question naquit à Utrecht vers 1604, d'une famille honorable. Il a peint les fleurs, les fruits, les vases d'or et d'argent, les instrumens de musique, et les tapis de velours, de soie ou de Turquie, ainsi que les vases de cristal ; il les a imités avec une supériorité extraordinaire. Ses tableaux sont d'autant plus surprenans que le travail, quoique infiniment précieux, est spirituel et fin ; le coloris est vrai, beau et riche. Tout en admirant chaque objet en particulier, si nous nous arrêtons plus particulièrement à ceux qui fixent le plus nos regards, nous serons forcés de convenir que tous ont une part égale à notre admiration.

55. Délicieux tableau, figurant ce qui compose un *déjeuner*. Ce qui se présente à notre vue est une table couverte d'un tapis de soie bleue, sur lequel est posé un plat d'argent ouvragé, contenant des huîtres ouvertes. Vous admirerez, malgré vous, ces petits crustacés, ainsi que l'eau dans laquelle ils nagent. Deux bigarades, leurs feuilles et

leurs fleurs ; un citron, un crabe cuit, un morceau
de brioche, un vase d'or guilloché, et un vase de
cristal fixeront votre attention. Il est inutile de re-
parler de la beauté, de la parfaite imitation de toutes
ces choses, et de la surprise que l'on éprouve en les
voyant. De Héem mourut à Anvers en 1674, à l'âge
de soixante-dix ans.

Peut-être, en voyant ce tableau, direz-vous : que
m'importe à moi la régularité de ces objets divers
posés sur une table couverte d'un tapis de soie ? de
quel intérêt peut être pour moi ce citron, ce crabe,
ces huîtres, cette brioche et ce vase de cristal ? Il
est reconnu que dans toute espèce de peinture qui a
pour objet l'imitation de la nature, pour que la
jouissance du spectateur soit complète, il faut que,
pénétré d'un sentiment d'illusion, tout en sachant
qu'il ne voit pas la nature même, il croie cependant
la voir. C'est précisément l'effet que produit notre
tableau. Enfin, la puissance de l'art peut sans doute
nous émouvoir par la représentation des objets qui
frappent sans cesse notre vue, lorsqu'ils sont bien
imités, et lorsqu'ils nous sont offerts avec le goût
et l'expression convenables. En considérant la puissance de la peinture qui remplit toutes les conditions
voulues, qu'importe le sujet qu'elle représente, nous
ferons l'application des deux vers de Boileau :

> Il n'est point de serpent ni de monstre odieux
> Qui, par l'art imité, ne puisse plaire aux yeux.

FIN.